微店

这样玩就赚了！

开店运营+营销推广+成功案例

第2版

徐茜◎著

人民邮电出版社

北 京

图书在版编目（CIP）数据

微店这样玩就赚了！：开店运营＋营销推广+成功案
例 / 徐茜著. -- 2版. -- 北京：人民邮电出版社，
2017.9
ISBN 978-7-115-46212-1

Ⅰ. ①微… Ⅱ. ①徐… Ⅲ. ①网络营销 Ⅳ.
①F713.365.2

中国版本图书馆CIP数据核字(2017)第151847号

内 容 提 要

本书是畅销书《微店这样玩就赚了!——开店运营+营销推广+成功案例》的升级版，新增加了微店装修、微信公众号的运营、微信支付、微信小店等微信电商功能，并重点讲解了将微店与微信平台对接的方法，还增加了微店引流、微店代理分销等实用的微店内容。

书中从两条线进行讲解：一条是技巧线，重点讲解了微店营销、微店推广、店铺分享、商品分享、内容引流、粉丝推广、抓住粉丝、商品营销、微店客户管理、微店客服、微店订单管理等方面的内容；另一条是实操线，通过步步实战，进行了微店注册、微店设置、添加商品、店铺装修、注册和认证公众号、创建微信小店、营销推广、圈住用户、购物流程、订单管理、代理微店货源、加入热门商会等内容的实操演示。

本书适合想要创建微店的创业者和已经拥有微店的新手微店商家等参考使用。

◆ 著　　　　徐　茜

　　责任编辑　恭竟平

　　执行编辑　刘瑞莲

　　责任印制　周昇亮

◆ 人民邮电出版社出版发行　　北京市丰台区成寿寺路 11 号

　　邮编　100164　电子邮件　315@ptpress.com.cn

　　网址　http://www.ptpress.com.cn

　　大厂聚鑫印刷有限责任公司印刷

◆ 开本：700×1000　1/16

　　印张：16　　　　　　　　　　2017 年 9 月第 2 版

　　字数：310 千字　　　　　　　2017 年 9 月河北第 1 次印刷

定价：49.80 元

读者服务热线：**(010)81055296**　印装质量热线：**(010)81055316**

反盗版热线：**(010)81055315**

广告经营许可证：京东工商广登字 20170147 号

前言

写作驱动

随着微信的火热、智能手机的普及与网上购物的进一步发展，越来越多的人开始加入微店创业的热潮中。每个人在日常生活中的吃、住、行、游、购、娱，都可以通过微店来解决，尤其是当大家工作越来越繁忙，微店还可以解决缺乏购物时间与精力的困扰。

在网购热潮的大趋势下，商家就不能只是会用淘宝开店，而是要成为一个微店运营达人，用微店为自己创造更多的财富。

那么，怎样创建微店，不仅能够快速通过，而且方法也便捷，甚至运营起来还能省心方便？怎样运营微店，不仅能够获得更多的粉丝与顾客，还可以成功转换粉丝为顾客，帮助自己轻松提高销售量？怎样推广微店，不仅能够实现微店创业，还可以打造爆款商品、人气店主、销量之王，成为人生赢家？

本书就是为了解决这些问题而诞生的。自从笔者编写的《微店这样玩就赚了！——开店运营＋营销推广＋成功案例》（人民邮电出版社，2015年2月出版）上市以来，深受广大微店创业者的喜爱，本书是在原有基础上增加了许多微店创业者提出的问题和宝贵的建议，然后以实用性、新颖性、技巧性为核心，打造出的又一精品。

互联网的发展带来的是信息快速更替、环境日新月异的市场，商家要想成为微店运营推广高手，就必须时刻关注微店发展的新动态、新政策、新技巧，才能利用微店创造出更大的财富。

本书不仅在第1版内容基础上加深、加广与加精，而且在微店基本设置与管理方法、微店装修、微店与微信平台对接的方法、微店平台引流、微店代理分销等方面比市场上已有的同类书籍更为突出、全面、新颖。笔者潜心收集并整合最新的微店运营推广技巧，集众家所长于一体，同时做到差异创新，只希望获得读者的认可。

本书中为微店创业者介绍了10个常用的微店平台、3种下载注册微店的方法、12项微店APP基本功能、10个微店APP常用设置操作、7个微店APP账户设置操作、7个微店商品来源渠道、6个方面的微店管理操作、5个微店交易方式的设置、8个微店商品管理的技巧、9个手机摄影的技巧、7个微店装修的基本模块、6个排版君的功能、5个微信公众平台使用方法、5个将微店与微信平台对接的方法、9个微店营销技巧、6个微店推广技巧、8个店铺分享技巧、2个商品分享技巧、3个内容引流技巧、5 个粉丝推广工具、4 个商品营销技巧、3 个微店客服技巧、6 个微店订单管理实操、4 个微店客户管理实操、6 个代理微店货源实操等，对微店运营、推广的各方面细节进行了深入且详细的分析。

💡 本书内容

本书重点针对商家微店运营推广的技巧和实战步骤进行讲解、实操，为商家在移动互联网时代利用微店进行掘金提供实用策略。内容从浅到深，从全面到细化，在分析流程时突出步骤的正确与详细，旨在帮助读者少走弯路，极具实战指导意义。

本书内容大概框架如下图所示。

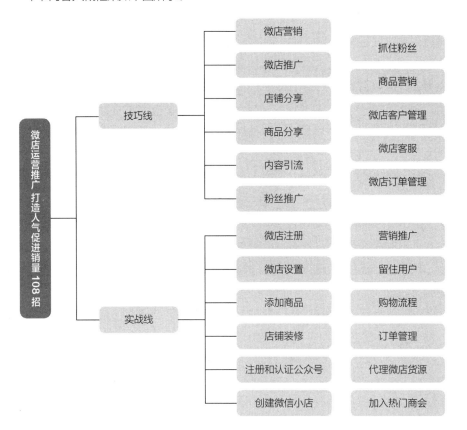

👤 作者售后

本书由徐茜著，由于作者水平有限，书中难免有错误和疏漏之处，恳请广大读者批评、指正。

目录 | Contents

第 3 章　管理微店，店铺商品展示

第 4 章 店铺装修，怎么才能漂亮

第 5 章　对接微店，公众账号管理

第6章　微店引流，营销推广不愁

第7章　社群营销，留住微店顾客

第8章　微店运营，购物、客服与订单

第 9 章　微店分享，一键分享吸引顾客

第 1 章

做好准备，选择微店平台

学前提示

    拥有一家属于自己的微店，是每个微店创业者必须具备的条件。要创建一个微店店铺，商家必须要了解一些常见的微店平台以及下载与注册微店的操作。本章将介绍一些常见的微店平台，并以微店 APP 为例，介绍其下载与注册的方法。

要点展示

    ≫ 常用的微店平台

    ≫ 下载与注册

1.1　常用的微店平台

伴随着网上购物的火热发展、智能手机的普及以及各种微店 APP 的发展，越来越多的商家、个人都迈入微店创业的大军之中。而作为一种新的商业模式，微店凭借自身的便捷、易操作的优势，不仅能够帮助人们实现自己的创业梦想，还为人们的生活带来了更多的便利。

商家要创建一个属于自己的微店，就需要对市面上一些常用的微店 APP 有一定的了解。本书就来介绍一下这些微店 APP 相关的内容。

1.1.1　微店

微店是由北京口袋时尚科技有限公司开发的，帮助卖家在手机开店的 APP。微店不像传统电商过度依赖于平台（如淘宝／天猫／京东），而是依赖于店主的客户以及与客户保持联系的渠道。

微店需要店主更重视对客户的管理和长期的培育，也要更重视品牌的建设。图 1-1 所示是微店图标，用户下载安装时要认准正版微店应用。

▲ 图 1-1　微店图标

微店的悄然冒起，成了淘宝和阿里巴巴等各大网络商铺密切留意的对象，在淘宝和阿里巴巴垄断市场的激烈竞争中，微店生存了下来，并且有越来越多的新人涌入，来势之凶猛，前途之宽广，不可小看。

微店的店主不再以平台为中心（即通过简单粗暴的流量采购、广告推广来获得销量），而是通过下载手机 APP 客户端，再通过微博、微信这样的沟通渠道，直接联系到客户，从而带来销量。微店作为移动端的新型产物，任何人通过手机号码和微信号即可开通自己的店铺，并可通过一键分享到其他社交平台来宣传自己的店铺并促成成交。微店降低了开店的门槛和复杂手续，回款快，而且不收任何费用。

无论是想要开店的创业者，还是力图转型的企业商家，都可以选择"微店"平台进行开店，因为它拥有众多的优势，这些优势具体体现在以下几个方面。

- **快捷开店**。微店降低了开店的门槛和复杂手续，用户可以在短时间内创立一家属于自己的店铺。
- **免费开店**。用户在微店平台开店完全免费，所有交易不收取任何手续费。
- **快速回款**。微店每天会自动将前一天货款全部提现至用户的银行卡，从而可以及时回款。
- **付款方式多样**。微店平台支持信用卡、储蓄卡、支付宝等多种付款方式。
- **充足的货源**。微店平台为用户提供了充足的货源渠道，解决了用户开店的货源问题。
- **安全有保障**。微店平台为用户提供了认证体系，以保障商家店铺的安全，而且微店与中国平安财务保险公司合作，给用户提供了更多保障。

1.1.2 微信小店

微信小店的出现是微信有序开放的一个新标志，也是微信在电子商务领域的一种新探索，为商家以及整个电子商务生态带来了新的无限可能。

此外，微信小店的推出可以更好地规范微信公众平台的生态环境，建立统一标准的接入服务，为业界拥抱移动互联网搭建更好的平台。

想做微信小店，必须满足一定的条件，图 1-2 所示为微信公众平台给出的开通微信小店的条件，以及对微信小店功能的相关介绍。

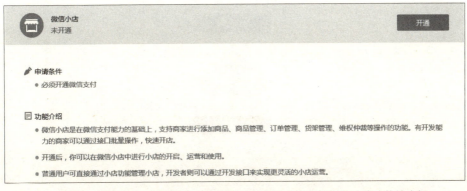

▲ 图 1-2 微信公众平台给出的开通微信小店的条件以及对微信小店功能的介绍

然而，要开通微信支付，商家必须还要开通微信认证。目前为止，个人类型的公众账号是不支持微信认证的，这也就意味着个人类型的公众账号还无法开微信小店。

1.1.3　微店网

微店网是由深圳市云商微店网络科技有限公司推出的一个云推广电子商务平台。微店网既为网民提供了一个创收的平台，又为商家提供了一个优质的网络销售渠道，节省了推广宣传的费用。

传统电子商务平台仅仅是交给商家一个独立的店铺，当商家弄明白了这个店铺怎么操作，怎么发布商品之后，却发现：虽然很多人都在这个平台上购物，但是自己的商品却排在搜索、分类几千甚至上万页商品的末尾，消费者看不到，商品根本销售不出去。

如果商家想要改变这种情况，就只能花几万元甚至十几万元的广告费，到平台首页上做广告，或者不断压低商品价格，有些时候，甚至还亏本地把商品销售出去。

为了改变这种现状，微店网做了一个创新，就是云销售的电子商务模式。微店网为网民创造了一个新的角色——微店主，不需要任何费用，普通用户免费注册就成为了微店主，每个人都有一个"微店"，他们只需要做宣传、做推广，让顾客、消费者从自己的店铺里购买商品，他们就可以获得"佣金"。

其实，商家进驻到微店网平台上来，他们所发布的商品不仅仅是在自己的店铺里，微店网做了一个云端产品库，商品发布后都会到达云端产品库，而每一个微店都是与云端产品库相关联的。也就是说，商家发布的产品，在每一个微店里，都可以找到和出售，如图1-3所示。

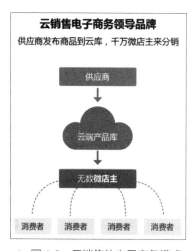

▲　图1-3　云销售的电子商务模式

在微店网开微店无需资金成本，无需寻找货源，不用自己处理物流和售后，比较适合作为大学生、上班族的兼职创业平台。

1.1.4 京东微店

在京东微信公众号上，人们可以看见各种类型的商家。这些商家在入驻京东商城的同时，就相当于也借助京东微信公众号，进入京东微店。京东微信公众号上的微店的主要功能如下。

1. 独家的流量入口

京东公众号上的商家，拥有京东公众平台提供的流量入口。消费者通过微信关注"京东 JD.COM"公众号，即可进入京东商城购物，如图 1-4 所示。

▲ 图 1-4 京东微信购物入口

2. 便捷的管理

当消费者在京东的微信公众号上购买商品之后，京东公众号为用户提供了订单追踪、管理以及维权等功能。这对京东公众号上的微店商家来说，节省了管理客户的时间。

3. 便捷支付体验

接入多种移动支付能力，根据用户场景提供最便捷的支付体验，图 1-5 所示为微信购买支持的付款方式（左）和手机 QQ 购买支持的付款方式（右）。

▲ 图1-5　便捷支付

4. 多种用户触达渠道

用户可以通过微信与客服沟通，只要在"个人中心"界面的"客户服务"中选择客服方式即可进入与客服进行沟通，如图1-6所示。

▲ 图1-6　通过微信与客服沟通

1.1.5　萌店

萌店，是上海微盟企业发展有限公司推出的一个移动社交电商平台。2016年9

月，萌店 APP 宣布了品牌升级的消息，此次升级主要从人群、品牌形象、供应链3
个方面着手。

据悉，萌店在进行全新的品牌定位之后，将专注于美食与生活消费领域，致力于
打造"朋友圈的美味生活"，图 1-7 所示为萌店现在的图标。

▲ 图 1-7　萌店图标

随着萌店的不断改进，其在同类 APP 中的竞争力也在不断增强。萌店 APP 竞争
力的不断增强，很大原因得力于其本身拥有的几项功能，具体如图 1-8 所示。

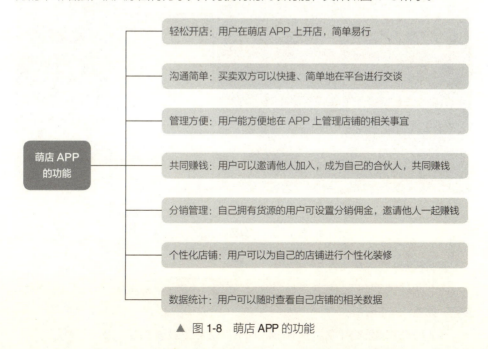

▲ 图 1-8　萌店 APP 的功能

除了上述功能之外，萌店 APP 还具有以下几个方面的优势，具体如图 1-9 所示。

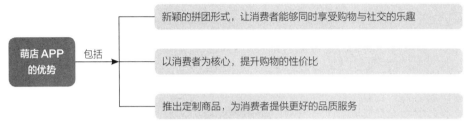

▲ 图 1-9　萌店 APP 的优势

1.1.6　有赞微小店

有赞，原名叫"口袋通"，使用有赞，商家可以快速、低成本地搭建一个属于自己的有赞微小店。

有赞电脑版的首页上有一句宣传语："手机开店神器，没货也能开店"，如图 1-10 所示。由此可见，商家要开通一个有赞微小店是十分方便的。

▲ 图 1-10　"有赞微小店"首页

开有赞微小店的具体方法如下。

（1）用户需要在手机应用商城中输入"有赞微小店"搜索词，然后再点击"下载"按钮，如图 1-11 所示。

（2）开始下载该 APP，图 1-12 所示即为正在下载该 APP。

▲ 图 1-11 点击"下载"按钮

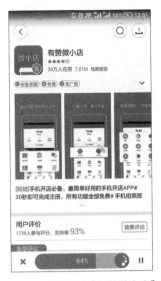

▲ 图 1-12 正在下载"有赞微小店"APP

（3）下载并安装成功之后，点开该 APP，即可进入"登录 / 免费注册"界面，然后点击该页面上的"免费注册"按钮，如图 1-13 所示。

（4）进入"注册"页面，在该页面用户需要输入自己的手机号码，点击"下一步"按钮，如图 1-14 所示。

▲ 图 1-13 点击"免费注册"按钮

▲ 图 1-14 点击"下一步"按钮

（5）进入输入验证码的页面，用户输入手机接收到的验证码，然后点击"下一步"按钮，如图 1-15 所示。

（6）进入设置密码和个人昵称的界面，输入好密码和昵称之后，点击"完成注册"按钮，如图1-16所示。

▲ 图1-15　点击"下一步"按钮

▲ 图1-16　点击"完成注册"按钮

（7）进入"创建微小店"页面，在该页面用户需要输入自己店铺的名称，然后点击"立即开店"按钮，如图1-17所示。

（8）进入自己店铺的首页，如图1-18所示。

▲ 图1-17　点击"立即开店"按钮

▲ 图1-18　用户店铺页面

1.1.7 微盟旺铺

微盟旺铺是微盟推出的一款升级组件产品，它是基于微信小店的第三方解决方案，可满足移动电商运营的核心需求。

微盟旺铺具有以下几方面的功能，具体如图 1-19 所示。这些功能，能够帮助商家更好地管理自己的店铺。

1. 版面风格设计

微盟旺铺手机端及管理端全新设计，全新风格，在原微信商城基础上1200处用户体验细节修改。

2. 店铺装修功能

店铺模板完全组件化，十几种组件，多种样式，可自由拖拽组合出百套以上风格。微盟旺铺采用傻瓜式设计，商家可以方便在后台操作，组建个性店铺。

3. 商品管理

商品类目、属性、规格与微信小店完全同步，可无缝迁移，分类顺序自由变换，规格属性快速添加，自定义标签助力营销。

4. 订单管理

维权、发货独立管理，商品评价尽在掌控。

5. 运费模板

多种计价方式，同城包邮，偏远地区加价邮。

6. 营销管理

未支付订单提醒、支付成功提醒、确认收货提醒让客户不再流失，会员积分、会员优惠促进二次购买。

7. 多种支付方式

微信支付、支付宝支付、银联支付、会员卡余额支付、货到付款，多种支付方式，满足用户需求。

8. 微信帮购

分享好友，参与评价决策，让您在好友中体验线下集体逛街的乐趣。

▲ 图 1-19　微盟旺铺的功能

微盟旺铺的开店具体流程如下。

（1）需要注册微盟平台的账号。在浏览器的网址栏中输入微盟的网址或者百度搜索"微盟旺铺"，进入微盟官方网站，点击首页中的"注册"按钮，如图 1-20 所示。

▲ 图 1-20　点击"注册"按钮

（2）进入"注册"页面，根据提示填写该页面相应的信息后，点击"马上注册"

按钮，如图 1-21 所示。

▲ 图 1-21　点击"马上注册"按钮

（3）至此，即可完成微盟账号的注册。接下来点击"我的微盟"按钮，进入"我的微盟/公众号管理"页面，如图 1-22 所示。

▲ 图 1-22　"我的微盟/公众号管理"页面

用户可以在该页面绑定自己的微信公众号，绑定公众号的方式有"授权绑定"和"手动绑定"两种。这里将以"授权绑定"为例，具体介绍操作过程。

（1）点击页面上的"授权绑定"按钮，出现"微信公众号授权"页面，用户只要用公众号绑定的个人微信号扫描页面中的二维码，然后根据提示进行公众号授权即可。成功授权之后，就可以在"我的微盟/公众号管理"页面看见自己的公众号，如图 1-23 所示。

▲ 图 1-23 "我的微盟 / 公众号管理"页面

（2）点击"我的微盟 / 公众号管理"页面中的"进入公众号平台"按钮，即可进入"公众号"页面。此时，只要点击该页面左侧的"微盟旺铺"按钮，就可以看见自己公众号的微盟旺铺，如图 1-24 所示。

▲ 图 1-24 微盟旺铺

（3）在电脑上绑定了自己的公众号之后，用户只要下载手机版的"微盟"APP，即可在手机上管理自己的微盟旺铺。

1.1.8 开旺铺

传统电商主要通过电脑屏幕销售商品，由于手机屏幕小、移动支付等原因，它们很难通过移动设备销售商品。而开旺铺，则可以通过美妙而简单有趣的移动购物体验，将传统电商所销售的商品呈现给移动用户。

"开旺铺"APP 能够帮助商家，给客户提供丰富有趣的购物体验，商家可以借助"开旺铺"APP 收获更多粉丝，实现盈利。

手机注册开旺铺的具体操作流程如下。

（1）下载手机版"开旺铺"APP 后点击该 APP 图标，如图 1-25 所示，然后在首页上点击"新开旺铺"按钮，如图 1-26 所示。

▲ 图 1-25　点击"开旺铺"APP

▲ 图 1-26　点击"新开旺铺"按钮

（2）进入"选择店铺风格"界面，在该界面用户可以选择一种店铺风格。这里以"甜美"风格为例，点击选择"甜美"风格的模板，如图 1-27 所示，即可进入"装扮我的店铺"界面，如图 1-28 所示。

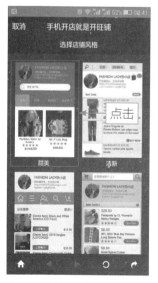

▲ 图 1-27　选择"甜美"风格的模板

▲ 图 1-28　"装扮我的店铺"界面

（3）在该页面上传店铺图标以及选择店铺主题颜色后，点击"下一步"按钮，如图 1-29 所示。

（4）进入"店铺风格预览"界面，如图1-30所示。

▲ 图1-29 上传店铺图标及选择主题色　　　▲ 图1-30 "店铺风格预览"界面

（5）在"店铺风格预览"界面点击"马上开旺铺"按钮，即可进入"开通我的店铺"界面。在该界面输入相应的信息后，点击"马上开旺铺"按钮，如图1-31所示。

（6）进入"商店总览"界面，如图1-32所示。

▲ 图1-31 点击"马上开旺铺"按钮　　　▲ 图1-32 "商店总览"界面

（7）在"商店总览"界面，点击"我的旺铺"按钮，如图 1-33 所示。

（8）进入"我的旺铺"界面，可以查看自己的店铺信息，如图 1-34 所示。

▲ 图 1-33　点击"我的旺铺"按钮

▲ 图 1-34　"我的旺铺"界面

1.1.9　微猫

微猫是以社会化媒体为切入口的社会化电子商务平台，通过微猫，商家能做到低成本、新渠道、快速开微店。图 1-35 所示为微猫官网对其产品的介绍。

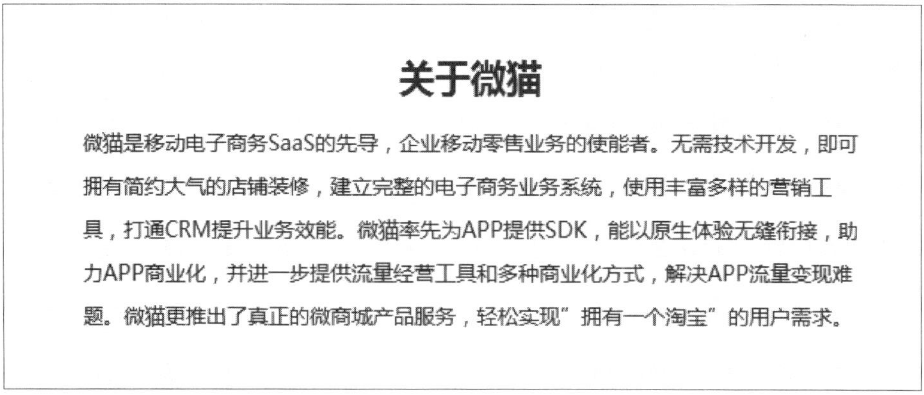

关于微猫

微猫是移动电子商务SaaS的先导，企业移动零售业务的使能者。无需技术开发，即可拥有简约大气的店铺装修，建立完整的电子商务业务系统，使用丰富多样的营销工具，打通CRM提升业务效能。微猫率先为APP提供SDK，能以原生体验无缝衔接，助力APP商业化，并进一步提供流量经营工具和多种商业化方式，解决APP流量变现难题。微猫更推出了真正的微商城产品服务，轻松实现"拥有一个淘宝"的用户需求。

▲ 图 1-35　微猫官网对自己产品的介绍

商家申请进驻微猫的具体操作步骤如下。

（1）进入微猫首页，点击右上角的"注册"按钮，如图 1-36 所示。

（2）在注册页面，在相应文本框里填写相应的信息后，点击"立即注册"按钮，如图 1-37 所示。

▲ 图 1-36 点击"注册"按钮

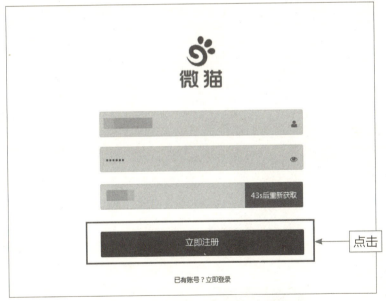

▲ 图 1-37 点击"立即注册"按钮

（3）进入概况页面，如图 1-38 所示。

（4）点击该页面左侧的"店铺"按钮，进入"店铺/全部"页面，如图 1-39 所示，商家可以在该页面对自己的店铺进行设置。

▲ 图 1-38 "概况"页面

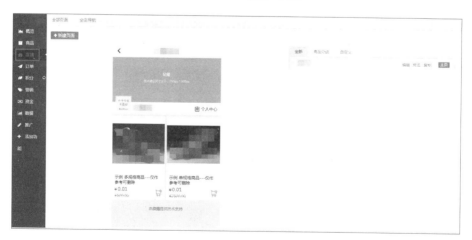

▲ 图 1-39 "店铺/全部"页面

1.1.10 大 V 店

大 V 店，是由 MAMA+ 推出的一款产品。该产品的定位是面向妈妈群体，它旨在为广大妈妈群体提供一个学习、交流、创业的平台。图 1-40 所示为大 V 店的图标。

▲ 图 1-40 大 V 店图标

大 V 店能够帮助商家简单、轻松地开一家属于自己的店铺。商家无需投入太多的资金，不用自己找货源，不用自己囤货，只要开通一个店铺，平台将为各位店主提供货源、代发货等一系列的服务。而商家要做的事情就是在自己的社交平台宣传、推广自己的产品，引导他人购买，获得收益。

大 V 店的口号是帮助每一个妈妈"成为更好的妈妈"。在大 V 店平台上，开设了妈妈课堂，可以帮助商家学习成长。同时，商家开设大 V 店之后，在平台上购买商品还可以获得相应的佣金返还，让商家在购物的同时还能够省钱。

1.2 下载与注册

在介绍了这么多的微店平台之后，接下来将以微店 APP 为例，详细介绍下载、注册相关的内容，来帮助商家创建一个属于自己的微店店铺。

1.2.1 通过二维码下载

二维码可以认为是网络链接，用户通过手机扫描二维码后，可以直接跳转至微店 APP 的下载页面，通过二维码下载 APP 的具体步骤如下。

（1）通过电脑进入微店主页，找到其二维码下载链接，如图 1-41 所示。

（2）打开手机扫描功能或者有扫描二维码的应用，并将摄像头对准二维码进行扫描，如图 1-42 所示。

▲ 图 1-41　找到二维码　　　　　　　　▲ 图 1-42　扫描二维码

（3）扫描完毕后，手机上就会出现使用"使用以下方式打开"提示框，提示框中会出现两种浏览器以供选择，用户只要选择其中的一种浏览器即可。这里以选择"搜狗"浏览器为例，然后点击"仅此一次"按钮，如图 1-43 所示。

（4）进入相应的下载界面。在下载界面，只要点击"安全下载"按钮，即可下载"微店"APP，如图 1-44 所示。

▲ 图 1-43　点击"仅此一次"按钮　　　　▲ 图 1-44　点击"安全下载"按钮

（5）此时，出现"下载任务"界面，在该界面可以看见正在下载"微店"APP，如图 1-45 所示。

（6）下载成功之后，只要在手机桌面上点击"微店"APP 图标，即可进入 APP 首页，如图 1-46 所示。

▲ 图 1-45　正在下载"微店"APP　　　　▲ 图 1-46　　"微店"APP 首页

1.2.2　通过应用商店下载

人们购买手机时，可以发现现在大部分手机中都会预先装好一个应用商店，这个商店中有各种各样的应用软件，人们如果想要在手机上装上某种软件，只要进入手机预装的应用商店即可下载该软件。如果手机中没有预装的应用商店，也可以先安装一个应用商店，然后在应用商店中下载应用。

接下来，将以"华为应用市场"为例，介绍通过应用商店下载"微店"APP 的操作。

（1）打开"华为应用市场"，然后在搜索栏中输入搜索词"微店"，如图 1-47 所示。

（2）点击应用后面的"下载"按钮，如图 1-48 所示。

（3）开始下载软件，如图 1-49 所示。

（4）软件下载完之后，就可以在手机界面上看见"微店"APP，如图 1-50 所示。

（5）点击"微店"APP 图标进入"微店"APP 的首页，再进行微店店铺注册。

注册微店店铺的方法同上述的二维码下载法中的店铺注册方法一样，这里不再赘述。

▲ 图 1-47　输入关键词"微店"

▲ 图 1-48　点击"下载"按钮

▲ 图 1-49　下载软件

▲ 图 1-50　"微店"APP

1.2.3　通过第三方平台下载

除了上述方法可以下载"微店"APP 之外，还可以在电脑上通过一些专门的第三方平台下载"微店"APP。本小节将以"91 助手"平台为例，介绍下载"微店"APP的步骤。

（1）在电脑上进入"91助手"的主页，然后点击"立即下载91助手PC版"按钮，如图1-51所示。

▲ 图1-51　点击"立即下载91助手PC版"按钮

（2）在弹出的"新建下载任务"对话框中，点击"确定"按钮，如图1-52所示。

▲ 图1-52　点击"确定"按钮

（3）开始下载软件，下载成功之后需要安装并打开"91助手"软件，并且在搜索框中输入"微店"关键词进行搜索，如图1-53所示。

> **专家提醒**
>
> 在选择软件之前，应该先根据自己手机的操作系统选择："Android"或"iPhone"。不过在已经连接手机的情况下，软件会根据手机的型号自动筛选合适的APP，不需要选择系统。

▲ 图1-53　输入关键词

（4）在搜索结果界面，选择自己需要的APP，点击"安装"按钮，如图1-54所示。

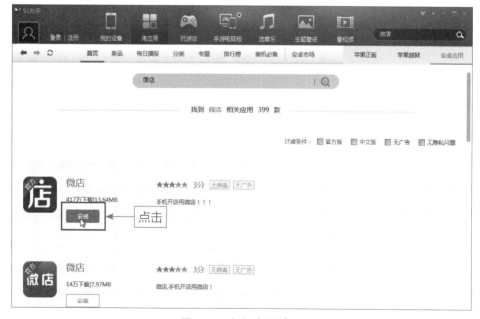

▲ 图1-54　点击"安装"按钮

（5）"91 助手"会自动下载该 APP，并自动将其安装至手机中。建议用户选择安装软件图标上显示"官方"两个字的软件，因为这些软件属于官方版本，相对于其他版本使用起来更加安全，特别是这类涉及账户信息的 APP。

1.2.4 注册微店 APP

在介绍完下载"微店"APP 可使用的 3 种方法之后，接下来将为大家介绍注册"微店"APP 的具体操作，其操作流程如下所示。

（1）打开"微店"APP，在"微店"APP 首页点击"注册"按钮，如图 1-55 所示。

（2）进入"注册"界面，用户在该界面要输入自己的手机号，然后点击"下一步"按钮，如图 1-56 所示。

▲ 图 1-55　点击"注册"按钮

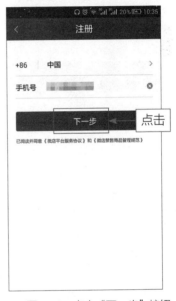

▲ 图 1-56　点击"下一步"按钮

（3）在弹出的"确认手机号码"提示框中，点击"确定"按钮，如图 1-57 所示。

（4）进入"设置密码"界面，在该界面设置密码后，点击"注册"按钮，如图 1-58 所示。

（5）进入"创建店铺"界面，如图 1-59 所示。

（6）用户即可以在该页面创建自己的店铺，创建成功后的店铺如图 1-60 所示。

▲ 图 1-57　点击"确定"按钮

▲ 图 1-58　点击"注册"按钮

▲ 图 1-59　"创建店铺"界面

▲ 图 1-60　创建成功后的店铺

第2章

开店入门，微店快速上手

商家要运营好一个微店，必须熟练掌握"微店"APP的各项功能以及操作方法，这样才能帮助商家提高工作效率。本章将介绍"微店"APP的基本功能、常用设置和账户设置相关的内容，帮助商家快速学会"微店"APP的使用。

>>> "微店"APP的基本功能
>>> "微店"APP的常用设置
>>> "微店"APP的账户设置

2.1 "微店"APP的基本功能

了解和熟悉"微店"APP中的每一个功能，是微店商家玩转"微店"APP的前提。商家只有熟练掌握了"微店"APP的每一项功能，才能减少后期使用"微店"APP时遇到的麻烦，才能为自己运营、管理店铺打下基础。

接下来，将为大家介绍"微店"APP基本功能相关的内容。

2.1.1 登录"微店"APP

要了解"微店"APP的基本功能，就要登录自己的"微店"APP。登录"微店"APP的主要操作步骤如下所示。

（1）在手机上的应用程序菜单中点击"微店"图标，打开微店应用进入相应的界面，然后在该界面上点击"登录"按钮，如图2-1所示。

（2）进入"登录"界面，在相应的地方输入注册时填写的手机号和密码后，点击"登录"按钮，如图2-2所示。

▲ 图2-1 点击"登录"按钮

▲ 图2-2 输入相应信息

（3）点击"完成"按钮，即可进入"微店"APP主界面，如图2-3所示。

▲ 图 2-3　"微店"APP 主界面

2.1.2　笔记

　　"微店"APP 为广大商家提供了一个"笔记"功能。在该功能中，商家可以看见"店长笔记"和"微店头条"功能。接下来将分别介绍"店长笔记"和"微店头条"功能。

1. "店长笔记"功能

　　商家可以通过"店长笔记"功能，进行文章创作，商家写下的文章会出现在自己的店铺中。撰写店长笔记的具体流程如下。

　　（1）登录自己的"微店"APP，然后点击"微店"APP 主界面中的"笔记"按钮进入"店长笔记"界面，再点击该界面中的"　　"按钮，如图 2-4 所示。

　　（2）进入"编辑笔记"界面，在标题处输入文章的标题，点击"添加内容"按钮添加想要输入的内容，内容撰写完成之后，再点击右上角的"发布"按钮，如图 2-5 所示。

　　（3）进入"笔记发布成功"界面，点击该界面右上角的"完成"按钮，如图 2-6 所示。

　　（4）成功发布笔记后系统会自动跳转到"店长笔记"界面，在该界面商家可以看见自己刚才写下的文章，如图 2-7 所示。

▲ 图2-4　点击" ✎ "按钮

▲ 图2-5　点击"发布"按钮

▲ 图2-6　点击"完成"按钮

▲ 图2-7　查看发布的笔记

2．"微店头条"功能

"微店头条"的界面如图2-8所示，可以看见各种分类栏，如精选、笔记、放心选、人物、美食等。

商家可以分享"微店头条"中的内容，与自己店铺的买家建立一种信任关系。除了"笔记"和"放心选"这两个分类栏中的文章，商家只能分享给好友之外，其他分类栏下的文章，商家都可以转载到自己的"店长笔记"和分享给自己的好友。

图2-9所示为一篇"精选"分类栏中的文章，商家可以将该篇文章转载到笔记和分享给好友。

▲ 图 2-8　"微店头条"界面

▲ 图 2-9　"精选"分类栏中的文章

2.1.3　统计

在"微店"APP 中，有一个"统计"功能。在统计功能中，商家可以查看自己店铺的昨日浏览量、总浏览量、收藏数量、获得的赞以及店铺的访客、订单、成交金额等数据。统计功能中的这些数据能帮助商家实时查看、掌握自己店铺的经营情况，帮助商家更好地经营自己的店铺。在"统计"功能中查看这些数据的具体操作流程如下。

（1）点击微店首页中的"统计"按钮，如图 2-10 所示。

（2）进入"统计"界面，在该界面商家可以直接看见昨日浏览、总浏览量、收藏、赞等相关数据，如图 2-11 所示。

▲ 图 2-10　点击"统计"按钮

▲ 图 2-11　"统计"界面

如果要查看访客、订单、金额分类下的详细数据，点击相应的按钮即可进入相应的界面。以查看访客的详细数据为例，其详细操作流程如下。

（1）在"统计"界面点击"访客"按钮，如图 2-12 所示。

（2）进入"访客"界面，在该界面商家可以查看自己店铺 7 天和 30 天这两个时间段的数据，还可以查看访客的来源，以及 7 天、30 天访客排行的数据，如图 2-13 所示。

▲ 图 2-12　点击"访客"按钮

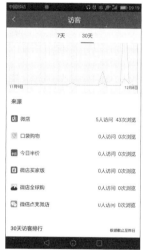

▲ 图 2-13　查看"访客"相关的详细数据

💡 专家提醒

　　若要查看订单、金额下的详细数据，点击"订单"或"金额"按钮即可进入相对应的界面。同样地，在订单和金额页面，也都分为 7 天和 30 天两个时间段。在订单界面，商家可以查看自己店铺这两个时间段的订单数量，在金额界面，商家可以查看自己店铺这两个时间段的金额。

2.1.4　客户

"微店"APP 还为广大商家提供了"客户"功能，该功能可以帮助微店商家管理自己店铺的客户。在"客户"功能中，又有"聊天""客户""评价"三个的功能。接下来，将分别介绍这三个功能的相关内容。

1. "聊天"功能

在"聊天"功能中，商家可以和自己的顾客进行交谈，解答顾客的疑问，同时可以通过"聊天"功能与微店官方顾问进行交谈，咨询问题，如图 2-14 所示。

▲ 图 2-14 商家通过"聊天"功能与客户、微店官方顾问交谈

2. "客户"功能

在"客户"功能中，商家可以对自己店铺的客户进行管理。点击"客户/客户"按钮，即可进入"客户管理"界面，如图 2-15 所示。在该界面，商家可以查看潜在客户、标签、核心客户、重点发展客户、重点保持客户、重点挽留客户相关的内容。

点击其中任意一个按钮，即可进入相应的界面。以"重点保持客户"为例，商家点击该按钮后，即可进入"重点保持客户"界面，如图 2-16 所示，如果店铺中有符合重点保持客户要求的买家，该买家的信息就会显示在这里。

▲ 图 2-15 "客户管理"界面

▲ 图 2-16 "重点保持客户"界面

3. "评价"功能

在"评价"功能中，商家可以查看、管理自己店铺收到的评论。这些评价又可以分为全部评价、好评、中评、差评4个类别，如图2-17所示。

点击这4种类别中的任意一种，即可查看该分类下收到的评价。以好评为例，点击"客户/评价/好评"按钮，即可进入"客户评论/好评"界面，在该界面商家可以查看到店铺收到的好评，如图2-18所示。

▲ 图2-17　4种分类的评价

▲ 图2-18　店铺收到的好评

2.1.5　收入

"微店"APP中有一个"收入"功能，微店商家通过该功能可以查看自己经营店铺所获得的收益情况。在"收入"功能中，又分为"可提现""交易中""已提现""绑定银行卡""收支明细"5项分类。

接下来，将详细介绍"收入"中的这5项分类。

1. 可提现

"微店"APP为商家提供了自动提现和手动提现两种提现方法，商家可以任意选择一种方式进行提现。在提现收入的时候，商家还需要清楚提现的规则，这样才可以确保在提现的过程中不犯错。

图2-19所示为微店提现规则说明。

▲ 图 2-19　微店提现规则

当商家店铺中的交易完成之后，商家就可以对自己获得的收益进行提现，提现的具体步骤如下。

（1）点击"收入 / 可提现"按钮，进入"可提现"界面，如图 2-20 所示。

（2）在该界面，商家可以看见自己店铺中可提现的金额，点击"提现"按钮，如图 2-21 所示，然后按照提示操作即可进行提现。

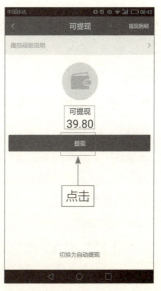

▲ 图 2-20　"可提现"界面　　　　　　▲ 图 2-21　点击"提现"按钮

💡 **专家提醒**

在"可提现"界面点击"提现明细"按钮，可以查看收支明细，这样商家就能够对自己的资金有一个详细的了解。

2. 交易中

"交易中"分类，又可以细分为"自营"和"分销"两类，如图2-22所示。其中，"直营"指的是商家自己店铺中的商品交易之后获得的收入，而分销指的是商家分销他人产品后获得的收益。

▲ 图2-22　"自营"与"分销"两种类别

3. 已提现

在"已提现"功能中，商家可以查看自己已经提现的金额以及提现记录。

4. 绑定银行卡

在微店中，商家如果要进行提现，就需要绑定银行卡，只有绑定银行卡之后，商家才能将获得的收益提现。在绑定银行卡时，必须要确保填写的姓名、证件持有人、银行卡开户人为同一人。

另外，在绑定银行卡时，必须要绑定储蓄卡，而不能绑定信用卡，如果商家绑定以"62"开头的、有银联标识的储蓄卡，提现将会更加及时。

5. 收支明细

在"收支明细"项中，商家可以查看店铺"全部""收入""支出""冻结/解冻"

的资金交易记录，从而可以熟知自己每一笔资金的流向。

2.1.6　推广

　　"微店" APP 还为广大商家提供了推广功能，商家可借助这一功能推广自己的店铺及商品，使自己的店铺获得更多的流量并提高店铺的销售量。

　　在"推广"功能中又分为"营销设置"和"店铺推广"两项。在"营销设置"项中，又可以分为"微店拼团引爆社交圈""满减""店铺优惠券"等功能，具体如图 2-23 所示。在"店铺推广"项中，又可以分为"分成推广""分享赚钱""活动报名"等功能，具体如图 2-24 所示。

▲ 图 2-23　"营销设置"包括的功能　　　　▲ 图 2-24　"店铺推广"包括的功能

2.1.7　服务

　　在"微店" APP 的"服务"功能中，拥有"排版君""店铺装修服务""微店顾问""真人实拍"等 12 种功能。

　　每一种功能下提供的服务都不一样，以"排版君"和"店铺装修服务"功能为例，"排版君"旨在为微店商家打造高大上的店铺装修，如图 2-25 所示；而"店铺装修服务"则为商家推荐了各种设计师的店铺，商家只要拍下这些设计师的服务，设计师就会给商家进行店铺装修，如图 2-26 所示。

▲ 图 2-25　"排版君"功能　　　　　　▲ 图 2-26　"店铺装修服务"功能

2.1.8　货源

　　在"货源"功能中，可以看见各种各样的店铺、商品，如图 2-27 所示。对于那些自己没有货源或者想要售卖更多种类商品的商家来说，这些店铺和商品都可以成为自己的货源渠道，商家可以与货源商联系，代理他们家的商品，从中赚取利润。

▲ 图 2-27　"货源"功能中的各种店铺和商品

2.1.9 供货

"供货"功能是指，"微店供货中心"向广大微店商家招募供应商，商家只要符合其招募要求就可以报名。图 2-28 所示为微店供应商报名活动的相关内容。

▲ 图 2-28 微店供应商报名活动相关内容

2.1.10 商会

"微店"APP 中的"商会"，可以理解为是微店为广大商家提供的一个讨论区、学习区。在"商会"中，商家可以加入自己感兴趣的商会，如小荷包、笔记 PK 赛、微店放心选等，在商会中学习、成长。图 2-29 所示为"微店商会"界面，在该界面商家可以看到各种类型的商会以及其他商家的开店心得与店铺经营经验等内容。

▲ 图 2-29 "微店商会"界面

2.1.11　为梦想打卡

"为梦想打卡"功能，其实就是微店店长打卡功能，能够鼓励店家为自己的创业梦坚持下去。

在"为梦想打卡"功能中，微店店家每天都可以打卡签到，每天打卡之后即可获得一次抽奖机会，提供的奖品有"微团购""开店秘籍""装修模板""爆款货源""活动助手""微店顾问"6种，如图2-30所示。这些奖品其实也是微店平台对微店商家提供的一种帮助，以抽中"开店秘籍"为例，商家即可获得一篇介绍商家经营店铺的方法的文章，如图2-31所示。

▲ 图2-30　提供的奖品

▲ 图2-31　抽中的"开店秘籍"文章

2.2　"微店"APP的常用设置

在了解了"微店"APP的基本功能之后，商家还需要对自己的店铺进行设置，接下来将为大家介绍"微店"APP的常用设置相关的内容。

2.2.1　设置店铺LOGO

店铺LOGO，可作为一个店铺的形象参考，给人的感觉是最直观的，它代表着店铺的风格、店主的品位、产品的特性，也可起到宣传的作用。其实，在创建店铺的时候，商家就需要设置店铺的LOGO，如果商家对之前设置的LOGO不满意，还可以更改店铺LOGO。更换店铺LOGO的操作方法如下。

（1）在"微店"APP的首页点击"微店"区域，进入"微店管理"界面，然后在该界面点击头像区域，如图2-32所示。

（2）进入"微店信息"界面，在该界面点击"店铺 LOGO"区域，如图 2-33 所示。

（3）进入手机相册，在其中挑选一张适合做店铺 LOGO 的图片并选中它，如图 2-34 所示。

▲ 图 2-32　点击头像区域　　▲ 图 2-33　点击"店铺 **LOGO**"按钮　　▲ 图 2-34　选中图片

（4）将图片调整为最佳位置，然后点击"完成"按钮，如图 2-35 所示。

（5）开始上传照片，上传成功之后即可完成店铺 LOGO 的设置，其效果如图 2-36 所示。

▲ 图 2-35　点击"完成"按钮　　　▲ 图 2-36　更换店铺 LOGO 后的效果展示

2.2.2　设置店铺名称

由于人们的格调和品位不同，为自己店铺取名的基调和风格也会不同，一个别出心裁、新颖独特的名称是微店成功的基本技巧。当然，也可以根据出售的商品给自己的微店取名，或者把自己的名字、笔名、昵称等和出售的商品结合起来给店铺取名。

跟店铺 LOGO 一样，在创建店铺的时候，商家就需要设置店铺的名称，如果商家对之前设置的店铺名称不满意，还可以更改店铺名称。

修改店铺名称的操作方法如下。

（1）在"微店"APP 的首页点击"微店"区域，进入"微店管理"界面，然后在该界面点击店铺名称区域，如图 2-37 所示。

（2）进入"微店信息"界面，在该界面点击"店铺名称"按钮，如图 2-38所示。

▲ 图 2-37　点击店铺名称区域

▲ 图 2-38　点击"店铺名称"按钮

（3）进入"店铺名称"界面，将原先的店铺名称删除，然后在该界面输入要重新设置的店铺名称，输入完成后点击右上角的"完成"按钮，如图 2-39 所示。

（4）至此，即可成功更该店铺名称，并且系统会自动跳转回"微店信息"界面，其效果如图 2-40 所示。

▲ 图 2-39　点击"完成"按钮

▲ 图 2-40　更改"店铺名称"效果展示

2.2.3　设置店长头像

在设置完店铺名称之后，接下来介绍设置店长头像的操作方法，其具体流程如下。

（1）在"微店"APP 的首页点击"微店"区域，进入"微店管理"界面，然后在该界面点击店铺名称区域，进入"微店信息"界面，如图 2-41 所示。

（2）在该界面，点击"店长头像"按钮进入手机相册，在相册中挑选一张合适的照片作为店长头像并点击选中它，如图 2-42 所示。

▲ 图 2-41　"微店信息"界面

▲ 图 2-42　选中一张图片

（3）在接下来的界面中，调整头像的大小，调好之后点击"完成"按钮，如图2-43所示。

（4）此时开始上传照片，上传成功之后即可完成店长头像的设置，其效果如图2-44所示。

▲ 图2-43　点击"完成"按钮

▲ 图2-44　设置"店长头像"后的效果展示

2.2.4　设置店长昵称

在设置好店长头像之后，商家还需要进行店长昵称的设置。一个好的店长昵称能给顾客带来更多的好感，还能让顾客对店铺留下深刻印象，让顾客在不知不觉中更加喜欢商家的店铺。

接下来将介绍设置店长昵称的操作，其流程如下。

（1）在"微店"APP的首页点击"微店"区域，进入"微店管理"界面，然后在该界面点击店铺名称区域，进入"微店信息"界面，如图2-45所示。

（2）在该界面点击"店长昵称"按钮，即可进入"店长昵称"界面，如图2-46所示。

（3）在该界面中，在相应的输入框中输入店长昵称，输入完成后，点击右上角的"完成"按钮，即可成功设置店长昵称，并且系统会自动返回到"微店信息"界面。在该界面商家可以看见刚设置好的店长昵称，其效果如图2-47所示。

▲ 图2-45　"微店信息"界面

▲ 图 2-46 "店长昵称"界面

▲ 图 2-47 设置"店长昵称"后的效果展示

2.2.5 设置店长标签

除了可以进行店铺 LOGO、店铺名称等设置之外，还可以进行店长标签设置。商家设置店长标签之后，该标签就会展示在店铺里，可以帮助顾客更加了解商家。设置店长标签的具体流程如下。

（1）在"微店"APP 的首页点击"微店"区域，进入"微店管理"界面，然后在该界面点击店铺名称区域，进入"微店信息"界面，如图 2-48 所示。

（2）点击"店长标签"按钮，进入"店长标签"界面，在该界面点击"＋"按钮，如图 2-49 所示。

▲ 图 2-48 "微店信息"界面

▲ 图 2-49 点击"＋"按钮

（3）进入"编辑标签"界面。在该界面，商家可以添加标签，也可以使用推荐的标签，标签添加成功之后点击右上角的"完成"按钮，如图 2-50 所示。

（4）至此，成功设置店长标签，并且系统会自动返回到"店长标签"界面，在该界面可以看见设置成功的标签，如图 2-51 所示。

▲ 图 2-50　点击"完成"按钮

▲ 图 2-51　在"店长标签"界面查看设置的标签

2.2.6　查看微店等级

商家在经营自己的店铺时，要时刻关注自己的店铺等级，店铺等级越高在一定程度上代表商家经营得越好。

查看自己微店等级的详细操作方法如下。

（1）在"微店"APP 的首页点击"微店"区域，进入"微店管理"界面，然后在该界面点击店铺名称区域，进入"微店信息"界面，如图 2-52 所示。

（2）点击"微店等级"按钮，进入"微店等级"界面，在该界面商家可以看见自己店铺的等级，如图 2-53 所示。

（3）另外，在"微店等级"界面，商家还可以点击"查看评分规则"按钮，进入"微店卖家等级是怎么计算的？"界面，查看店铺等级的规则。图 2-54 所示为微店卖家等级计算规则的部分内容。

▲ 图 2-52　"微店信息"界面

▲ 图 2-53　查看自己微店等级

▲ 图 2-54　微店卖家等级计算规则

2.2.7　设置主营类目

　　微店商家如果要在自己的店铺中开展一些活动的话，如设置"满减"活动，就必须要设置自己店铺的主营类目，如果没有设置主营类目就无法开展活动。设置主营类目还能帮助商家明确自己的经营范围，有助于商家更好地找准自己的经营方向。设置主营类目的方法如下。

　　（1）在"微店"APP 的首页点击"微店"区域，进入"微店管理"界面，然后点击店铺名称区域，进入"微店信息"界面，如图 2-55 所示。

　　（2）点击"主营类目"按钮，进入"主营类目"界面，如图 2-56 所示。

▲ 图 2-55　"微店信息"界面

▲ 图 2-56　"主营类目"界面

（3）在"主营类目"界面，商家需要根据自己的实际情况选中经营的产品的类目，如图 2-57 所示。

（4）在接下来的界面中，根据自己经营的产品进行细致的划分，然后选中最符合自己产品分类的选项，如图 2-58 所示。

（5）至此，即可成功设置店铺主营类目，并且系统会自动返回到"微店信息"界面。在该界面可以看见自己刚才设置的主营类目，其效果展示如图 2-59 所示。

▲ 图 2-57　选中"文化娱息"选项

▲ 图 2-58　选中"书籍报纸杂志"选项

▲ 图 2-59　效果展示

2.2.8　设置实体店地址

商家在经营微店的同时，如果还拥有自己的实体店的话，那么在微店中就还需要设置实体店地址。设置实体店地址能够提高顾客对商家的信任，而且填写的店铺地址也会展示在微店详情页面，能够引导顾客光顾商家的实体店。

设置实体店地址的具体操作方法如下。

（1）在"微店"APP 的首页点击"微店"区域，进入"微店管理"界面，然后点击店铺名称区域，进入"微店信息"界面，如图 2-60 所示。

（2）点击"实体店地址"按钮，即可进入"实体店地址"界面。在该界面商家需要填上正确的店铺地址信息，填写完成后点击右上角的"完成"按钮，如图 2-61 所示。执行此操作后，即可完成实体店地址设置操作。

▲ 图 2-60 "微店信息"界面

▲ 图 2-61 点击"完成"按钮

2.2.9 设置客服电话

商家给自己的店铺设置客服电话是很有必要的，因为这样不仅为顾客咨询商家提供了方便，而且能够帮助商家给顾客提供更好的服务。

"微店"APP 会将注册微店账号的电话默认为客服电话，但是商家还可以更改客服电话。商家在设置客服电话的时候，需要根据实际情况进行设置，如果由商家承担客服工作的话，就可以填写自己的号码作为客服电话；如果商家拥有专门的客服人员并且为客服配备了电话的话，那么就可以将为客服配备的电话的号码设置成客服电话。

更改客服电话的操作方法如下。

（1）在"微店"APP 的首页点击"微店"区域，进入"微店管理"界面，然后点击店铺名称区域，进入"微店信息"界面，如图 2-62 所示。

（2）点击"设置客服电话"按钮，进入"客服电话"界面，如图 2-63 所示。

（3）在该界面，商家可以看见当前客服电话，即注册微店账号的电话号码。点击该界面中的"更换客服电话"按钮，即可进入"更换客服电话"界面，在相应的地方填入需要更改的电话号码后，点击右上角的"下一步"按钮，如图 2-64 所示。

（4）在弹出的"确认手机号码"提示框中，点击"好"按钮，如图 2-65 所示。

（5）进入"填写验证码"界面，将手机收到的验证码输入该界面相应的地方，然后点击最右上角的"下一步"按钮，如图 2-66 所示。执行此操作后，即可完成客服电话的设置。

▲ 图 2-62 "微店信息"界面

▲ 图 2-63 "客服电话"界面

▲ 图 2-64 点击"下一步"按钮

▲ 图 2-65 点击"好"按钮

▲ 图 2-66 点击"下一步"按钮

2.2.10 预览店铺

在完成前述所有操作之后，商家即可预览自己的店铺。预览店铺可以帮助商家发现自己店铺中存在的不足，以便及时改进。预览店铺的操作流程如下。

（1）打开"微店"APP进入首页，然后点击" 微店 "区域，如图2-67所示。

（2）进入"微店管理"界面，点击最左下方的"预览"按钮，如图2-68所示。

（3）进入"手机摄影大全"界面，也就是店铺首页界面，在该界面商家就可以预览自己的店铺，如图 2-69 所示。

▲ 图 2-67　点击"微店"区域　　▲ 图 2-68　点击"预览"按钮　　▲ 图 2-69　预览店铺

2.3　"微店"APP 的账户设置

在设置完"微店"APP 的常用功能后，商家还需要进行"微店"APP 账户设置，做好"微店"APP 的账户设置是商家管理好自己微店的前提。接下来，将介绍"微店"APP 账户相关的设置。

2.3.1　店长账号管理

设置店长账号管理，其实指的是商家对自己店铺的账号信息、账号密码进行设置或者修改。这部分相关的操作流程如下。

（1）在"微店"APP 首页点击最右下角的"■"按钮，进入"设置"界面，如图 2-70 所示。

（2）点击"账号管理"按钮，进入"账号管理"界面，如图 2-71 所示。

在"账号管理"界面，可以看见"账号信息"和"修改密码"两个选项。查看账号信息的操作方法如下。

（1）选中"账号信息"选项，如图 2-72 所示。

（2）进入"账号信息"界面，如图 2-73 所示，在该界面商家可以查看自己店铺的账号信息，如果想要修改个人资料，可以用电脑登录网页版微店进行修改。

▲ 图 2-70　"设置"界面

▲ 图 2-71　"账号管理"界面

▲ 图 2-72　选中"账号信息"选项

▲ 图 2-73　"账号信息"界面

修改密码的操作方法如下。

（1）选中"修改密码"选项，如图 2-74 所示。

（2）在弹出的"修改密码"提示框中，点击"确定"按钮，如图 2-75 所示。

（3）进入"修改密码"界面，商家需要在该界面输入验证码和要设置的新密码，然后点击"确定"按钮，如图 2-76 所示。执行此操作后，即成功地修改了密码。

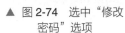

▲ 图2-74 选中"修改密码"选项

▲ 图2-75 点击"确定"按钮

▲ 图2-76 点击"确定"按钮

2.3.2 建立生意档案

建立自己的生意档案，有助于商家找到最适合自己的开店攻略。建立生意档案的相关操作流程如下。

（1）在"微店"APP首页，点击最右下角的"▇"按钮，进入"设置"界面，在该界面中选中"生意档案"选项，如图2-77所示。

（2）进入"生意档案"界面，如图2-78所示。

▲ 图2-77 选中"生意档案"选项

▲ 图2-78 "生意档案"界面

（3）点击"编辑资料"按钮，如图 2-79 所示。

（4）进入"编辑生意档案"界面。在该界面，商家根据自身的实际情况填写相关信息后，点击该界面最下方的"提交"按钮，如图 2-80 所示。

▲ 图 2-79　点击"编辑资料"按钮

▲ 图 2-80　点击"提交"按钮

（5）至此，商家即成功建立自己的生意档案，并且系统会自动返回到"生意档案"界面，在该界面商家可以看见自己的生意档案，如图 2-81 所示。

▲ 图 2-81　成功设置生意档案

2.3.3 设置新消息通知

对于微店商家来说，时刻掌握自己店铺的动态是非常有必要的，那么，要怎样商家才可以在第一时间掌握自己店铺的最新消息呢？

其实，商家要掌握自己店铺的新消息是非常简单的，只要通过微店提供的"新消息通知"功能就可以实现。接下来，将为大家介绍设置新消息通知的操作方法，其具体流程如下。

（1）在"微店"APP首页，点击最右下角的"■"按钮，进入"设置"界面，在该界面选中"新消息通知"选项，如图2-82所示。

（2）进入"新消息通知"界面，在该界面可以看见"商品被点赞""笔记被点赞""标签被点赞"三个选项，商家可以根据自己的意愿选择需要接收新消息通知的选项，选择好之后，点击右上角的"完成"按钮，如图2-83所示。执行此操作后，商家即成功设置了新消息通知。

▲ 图2-82 选中"新消息通知"选项

▲ 图2-83 点击"完成"按钮

2.3.4 设置处罚申诉

如果店家的店铺、商品或订单，被微店官方判断为违规，并进行了处罚，但是商家觉得自己的经营并没有违规，那么商家就可以进行处罚申诉。

进行处罚申诉相关的操作流程具体如下。

（1）在"微店"APP首页，点击最右下角的"■"按钮，进入"设置"界面，选中"处罚申诉"选项，如图2-84所示。

（2）进入"处罚通知"界面，如图2-85所示。

在"处罚通知"界面，会有"店铺处罚""商品处罚""订单处罚"3个分类。如果商家的店铺有处罚的话，商家就可以在"店处罚铺"中看见处罚通知；同样地，如果商家有商品处罚的话，在"商品处罚"中就会看见商品处罚的通知。当收到处罚通知后，如果商家觉得自己并没有违反相关规定，是被误罚的，那么就可以进行申诉。

需要注意的是，商家在进行申诉的时候，要尽可能找出对自己有利且真实、有效的证据或材料，这样可以提高申诉成功率。

▲ 图 2-84　选中"处罚申诉"选项

▲ 图 2-85　"处罚通知"界面

2.3.5　了解微店规则

了解、熟悉微店运营的规则，是帮助微店商家减少违规的有效措施，以及帮助微店商家更好经营微店的重要前提。要了解微店的规则，可以直接在"微店"APP中查看。查看微店规则的操作方法如下。

（1）在"微店"APP首页，点击最右下角的"▥"按钮，进入"设置"界面，选中"微店规则"选项，如图2-86所示。

（2）进入"微店规则"界面，点击"微店规则"按钮，如图2-87所示。

（3）在接下来的界面中，可以看见"开店认证""发布商品""交易管理""消费者保障"4大类的微店规则，如图2-88所示。

▲ 图 2-86 选中"微店规则"选项

▲ 图 2-87 点击"微店规则"按钮

▲ 图 2-88 微店的 4 大类规则

在该界面可以点开任意一项规则进行查看，在查看规则的时候，商家要留意哪些规则是万万不可违反的，并将这些规则谨记在心，在日常经营中避免触犯这些微店规则。

2.3.6 使用微店网页版

微店平台除了推出了"微店"APP 之外，还拥有网页版的微店。微店中的有些操作必须要登录网页版才能够进行，例如修改个人资料。商家要使用网页版微店，必须要在电脑上登录微店才可以进行操作。

接下来将介绍微店网页版的使用方法，其具体操作如下。

（1）在电脑浏览器中输入"微店"的网址进入微店网页版登录页面，如图2-89所示。

（2）在微店网页版首页，输入自己的手机号或邮箱号和密码后，点击"进入微店"按钮，如图2-90所示。

▲ 图2-89　微店网页版登录页面　　　　▲ 图2-90　点击"进入微店"按钮

（3）在自己微店的首页，可以看见各种功能，点击相应的功能选项，即可按照系统提示进行相关的功能操作，如图2-91所示。

▲ 图2-91　微店首页

2.3.7　开通诚信联盟

微店上有一个诚信联盟服务，商家可以开通诚信联盟服务，这对店铺的经营来说是非常有利的，它能够帮助商家提高店铺的诚信度，让顾客更加信任商家的店铺和商品。

开通诚信联盟是需要符合一定条件的，如果商家达到了开通诚信联盟的要求，那么微店平台就会给商家发送开通邀请。对于那些觉得自身已经具备开通诚信联盟却没有收到微店平台邀请的商家，如果想要开通诚信联盟的话，可以自己主动申请被邀请资格。

申请被邀请资格的操作方法如下。

（1）在"微店"APP 首页点击"服务"按钮，如图 2-92 所示。

（2）在弹出的"服务"界面，点击"诚信联盟"按钮。

▲ 图 2-92　点击"服务"按钮

（3）进入"诚信联盟"界面，如果显示"你还没有获得开通的邀请"的字样，那么商家就可以勾选"□"，然后点击"申请被邀请资格"按钮，如图 2-93 所示。

（4）进入"资格审核中"界面，如图 2-94 所示。

提交申请后，如果商家通过了审核，那么微店平台就会给商家发送开通诚信联盟邀请，到时候商家只要按照提示开通即可；如果审核没有通过，那么商家只要认真经营，等待具备开通资格之后，再开通诚信联盟即可。

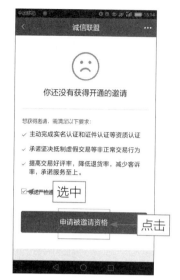

▲ 图 2-93　点击"申请被邀请资格"按钮　　　　▲ 图 2-94　　"资格审核中"界面

第 3 章

管理微店，店铺商品展示

学前提示

　　对于每一个经营微店的商家来说，找到优质的货源渠道，妥善管理自己的微店店铺、商品，设置多样的交易方式是必须要做好的。本章将介绍微店商品来源、微店管理、设置交易方式、微店商品管理相关的内容，以帮助商家为成功经营一家微店打下基础。

要点展示

　　>>> 微店商品来源
　　>>> 微店管理
　　>>> 设置交易方式
　　>>> 微店商品管理

3.1 微店商品来源

对于每一家微店来说，商品都是主角之一，有了商品才会构成整个营销活动。商品质量的好坏，会对整个店铺的经营成功与否产生很大的影响。因此，找到合适的货源是每一个微店商家都十分关心的。

那么，商家要去哪儿寻找合适的货源呢？经过笔者的总结发现，要寻找到合适的货源，微店商家可以从以下几个渠道去寻找。接下来，将为大家介绍这些可供微商进货的货源渠道。

3.1.1 批发市场

每个城市一般都有一个比较大的小商品批发市场，产品便宜并且交通方便，因此很多创业者都会去这些地方进货。一般说来，在大城市开网上商城更有优势，具体原因有以下几点。

- 批发市场的商品比较多，品种、数量都很充足，挑选余地比较大，而且很容易实现"货比三家"；
- 能够看到实体货物，质量可以把控；
- 批发市场很适合兼职的微店卖家，在这里进货时间和进货量都比较自由；
- 批发市场的价格相对较低，对于微店来说容易实现薄利多销，也能有利于微店交易信用度的累积。

这里要特别提醒刚开店的新手商家们，在前往批发市场进货的过程当中，自己要事先想好大约需要进多少东西，花费多少钱，并且进货数量、价格的清单一定要保留，便于记录进货情况同时也是退换货的凭证。在确定了货源之后，要努力维系住买卖关系，方便下次拿货。

3.1.2 阿里巴巴

说起商家进货渠道，那就绝对少不了阿里巴巴。阿里巴巴作为国内数一数二的网络批发平台，在网络平台批发领域中拥有绝对的地位。

阿里巴巴的企业愿景是：为千万中小企业服务，让天下没有难做的生意。在阿里巴巴平台上，聚集了各地、各种各样的商品，其货品的全面性为广大寻找货源的商家提供了十分自由的选择权。就目前为止，阿里巴巴平台提供的货源涵盖了服装、家居百货、工业品等十几个行业领域。在阿里巴巴平台上，商家不仅可以找到国内的货源，还可以找到众多国外的货源。

图3-1所示为阿里巴巴网站的首页。

▲ 图 3-1　阿里巴巴网站首页

　　阿里巴巴平台上，有专门的"微商进货"分类栏，这对微店商家的进货来说是非常有利的。图 3-2 所示为"微商进货"分类栏下的微供市场。

▲ 图 3-2　微供市场页面

　　在阿里巴巴的微供市场中，微店商家如果看中了某件商品，就可以通过"采源宝"软件扫描二维码代理该商品，如图 3-3 所示。

　　💡 专家提醒

　　需要注意的是，因为阿里巴巴平台上的货源众多，有时即使是同一类型的商品，其价格、质量也会存在差别，所以微店商家在进货的时候，要擦亮眼睛，学会辨别商品的质量，这样才能确保找到优质的商品。

▲ 图 3-3 扫描二维码代理商品

3.1.3 网络代销

所谓代销或分销，是指供货商为了把自己的产品推向市场而发展销售商，通过销售商的途径将自己的产品销售到市场上的一种模式。

现在大家常说的代销，是指网络销售货源商和电商之间的合作。对于资金匮乏、时间不够、周围没有进货市场而又想在网上开办网店或微店的电商而言，最佳货源渠道就是代销。

网络代销的关键在于微店店主把产品图片和资料发布在微店里销售，只要有人在微店下单购买之后，微店店主将把收货人的名字、电话、地址直接发给供货商，从中赚取差价。此外，网络代销还有以下几个优点。

（1）**选择网络代销可以避免库存压力**。做网络代销的话，不存在积压产品的情况，微店店主接了单，就报单给供货商，由供货商家代发货，根本不会因为存货压货的问题而烦恼。

（2）**选择网店代销可以降低投资成本**。代销基本上不需要任何前期资金投入，如果有的话，也只需要一点点投入成本。

（3）**选择网店代销可以大大提升自己的竞争力**。微店商家如果选择了一家好的公司、大批发商，不但商品种类齐全，款式也是丰富多彩，把这么多产品上架到微店，竞争力自然要强很多。

（4）**选择网店代销可以享受批发价格**。现在的供货商为了尽快赢得市场竞争，往往对网络代销商给予相当优惠的政策，只要加盟代销商，就可以享受批发会员的批发价格。

3.1.4 外贸原单

外贸原单也叫外贸尾货，是指国内厂家在生产完国外的订单后，剩下的一批货。

一般来说，剩下的这批货物将会以非常低的价格卖掉，通常是低于成本价格。

一般的商品流通是成本加利润给批发商，批发商加利润再到消费者手里。而外贸原单的批发价通常是低于成本价的，但款式和质量都是和国外的订单属于同一批货，质量标准要比国内的高。

外贸尾单货的优点就是性价比高，通常商家所销售的几十元钱的商品出口后都是几十美金或是更高的价格；但缺点是颜色和尺码不全，不能像内销厂家的货品那样齐码齐色。所以，它的价格一般比商场或其他地方更便宜。

外贸尾单货价格通常十分低廉，品质做工绝对有保证，是一个不错的进货渠道。但一般要求进货者全部吃进，所以进货者要有一定的经济实力。

可是，面对鱼龙混杂的外贸货市场，微店店主们如何判断其真假呢？下面介绍几点经验供大家参考。

（1）**看价格**。大多数外贸企业不擅长内贸，一旦产生了尾单货，一般都会选择低价脱手。

（2）**看质量**。商家要知道真正的外贸尾单货的质量怎么样，这就需要有相当的经验才能辨别，或者手上有真货可作比较。

（3）**看包装**。真正的外贸尾单货的外包装都是比较简单的，那些包装精美、所有配件都全的商品就值得怀疑了。

（4）**看商标**。一般尾单货的商标都是最后才贴上去的，有的甚至没有，这并不代表商品不好，或者是质量有问题，而恰恰说明了真货的严谨性。越是替知名品牌加工产品的厂家，它的尾单货就越是不可能有商标，因为越是知名的品牌对商品的控制越是严格，包括包装袋也是一样。

（5）**看尺码**。一般来说，尾单货特别是服装类的尾单货，有断码现象是非常正常的，尺码几乎不可能齐全。

（6）**看瑕疵**。有些外贸尾单货是有瑕疵的，不过这些瑕疵并不明显，不容易看出来。

3.1.5 国外打折商品

微店店主们不仅可以在国内寻找货源，还可以利用网络来销售国外的品牌。国外很多的商品在换季或节日前夕，价格非常便宜。这对微店商家来说是一个好时机，微店商家们可以直接和国外的厂家联系，取得货源。

如果卖家在国外有亲戚朋友，可以拿到诱人的折扣在网上销售，这种销售方式正在被一些留学生所关注。

不过在进货之前，商家最好先在论坛上了解产品，有国外代销经验的商家会给出一些注意事项，比如怎么看产品批号、怎么辨识真假货。

此外，国外有些产品没有外包装和说明书，所以商家拿货之前，一定要了解自己要购买的商品，尤其在国内未设专柜的商品。

最后，虽然海外代购在流程上与国内电子商务的购物流程区别不大，但由于海外代购涉及国际货运，所以价值越高、体积越小的商品会越合算。

3.1.6 寻找厂家

微店商家除了可以从批发市场拿货之外，还可以自己联系厂家，直接从厂家那里去拿货。对于微店店主来说，联系厂家直接进货也是一个不错的进货方式，这样有以下好处。

- 减少了周转环节，进价最低，可以薄利多销；
- 从源头直接进货明显降低了进货成本，定价才能低下来，从而更具竞争力；
- 正规的厂家货源充足，质量有保证，态度较好，如果长期合作的话，可以稳定产和销，保证商品供应，还能争取到滞销换款。

💡 专家提醒

但是一般而言，厂家的起批量较高，不适合小批发客户。如果微店店主有足够的资金储备，并且不会有压货的危险或者不怕压货，则可以去找厂家进货。

3.1.7 微店货源

之前在介绍"微店"APP的基本功能的时候，就已经提到了"货源"这一功能。微店商家可以借助"微店"APP的这一功能去寻找自己的货源。微店商家在"微店"APP上寻找货源，相对于其他渠道来说会更加方便，因为微店商家对"微店"平台会比较熟悉。

在"微店"平台上，还有一个"微店测评"功能，如图3-4所示，该功能可针对供应商的商品，提供微店消费者测评报告。商家如果看中了某家供应商提供的商品，想要代理，那么可以通过该商品的"查看测评"功能，查看消费者对该商品的测评报告，如图3-5所示。商家可以借助这些报告，辨别供应商提供的商品的质量好坏，从而有助于微店商家寻找到更加优质的商品。

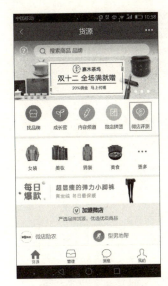

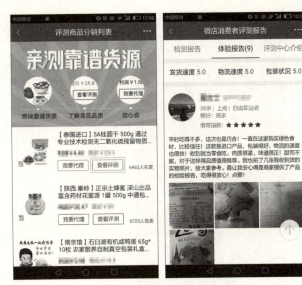

▲ 图 3-4　微店测评功能　　　　　▲ 图 3-5　查看商品测评报告

3.2　微店管理

　　微店商家要经营好自己的微店，除了要重视微店商品之外，还得注重自己店铺的管理。因为，只有管理好了店铺，才能使整个经营过程有条理，从而确保店铺能够长久地运营下去。

　　接下来，将为大家介绍一些基本的微店管理相关的内容，以帮助商家管理好自己的微店店铺。

3.2.1　设置店铺公告

　　微店的店铺公告是介绍商家店铺最重要的地方，也是顾客了解、信任商家店铺的窗口。那么，微店店主应该如何设置店铺公告呢？商家怎么写好自己店铺的公告真的很关键，因为店铺公告的区域空间有限，所以文字一定要言简意赅，最好能一针见血，达到吸引顾客的目的。

　　接下来将为大家介绍怎样在"微店"APP 中设置店铺公告，其具体流程如下。

　　（1）打开"微店"APP，点击 APP 首页上方的店铺名称区域，如图 3-6 所示。

　　（2）进入"微店管理"界面，点击该界面中的"店铺公告"按钮，如图 3-7所示。

▲ 图3-6 点击店铺名称区域

▲ 图3-7 点击"店铺公告"按钮

（3）在"微点公告"界面的输入框中，输入想要写入的店铺公告内容，之后点击右上角的"完成"按钮，如图3-8所示。

（4）返回到"微店管理"界面，点击该界面中的"预览"按钮，即可查看刚才设置好的店铺公告内容，如图3-9所示。

▲ 图3-8 点击"完成"按钮

▲ 图3-9 查看店铺公告内容

3.2.2 设置商品运费

那些成功的微店商家，往往都能巧妙地利用极低的运费，甚至包邮来吸引顾客，这样既满足了顾客的需求，也获得了丰厚的回报。那么，微店店主应该如何设置店铺的运费呢？

接下来，将为大家介绍设置运费的操作，其具体流程如下。

（1）打开"微店"APP，点击APP首页上方的店铺名称区域，进入"微店管理"界面，然后在该界面点击"运费设置"按钮，如图3-10所示。

（2）进入"编辑运费模板"界面，商家在该界面即可进行运费价格设置。如果对于某些地区，商家想要设置不一样的运费，还可以点击"选择地区"按钮，然后再对该地区进行价格设置。设置完成之后，点击"完成"按钮，如图3-11所示，就完成了运费设置的操作。

▲ 图3-10 点击"运费设置"按钮

▲ 图3-11 点击"完成"按钮

3.2.3 微店身份认证

如果微店商家要好好地经营一家微店的话，就必须要进行身份认证。商家只有进行了身份认证之后，才能在微店上进行金额提现。接下来将为大家介绍身份认证相关的操作，其具体流程如下。

（1）打开"微店"APP，在"微店"APP的首页点击"微店"区域，进入"微店管理"界面，然后在该界面点击头像区域，如图3-12所示。

（2）在"微店管理"界面，选中"身份认证"选项，如图 3-13 所示。

▲ 图 3-12　点击"微店"区域　　　　　▲ 图 3-13　选中"身份认证"选项

执行此操作后，即可进入"身份认证"界面，在该界面可以看见"实名认证"和"证件认证"两个选项，商家需要先进行实名认证，之后才可以进行证件认证。接下来，将为大家介绍"实名认证"的具体操作，其操作流程如下。

（1）在"身份认证"界面中点击"实名认证"按钮，如图 3-14 所示。

（2）进入"实名认证"界面，如图 3-15 所示。

▲ 图 3-14　点击"实名认证"按钮　　　　▲ 图 3-15　"实名认证"界面

（3）填写真实姓名、证件号码、开户银行、银行卡号的相关信息，并选择证件类型，填好之后点击"提交认证"按钮，如图 3-16 所示。

（4）接下来的界面会显示"已成功认证"字样，这代表着商家已经成功完成实名认证，如图 3-17 所示。

▲ 图 3-16　点击"提交认证"按钮

▲ 图 3-17　成功完成实名认证

完成实名认证之后，商家还需要进行"证件认证"。接下来，将为大家介绍"证件认证"的操作方法，其具体流程如下。

（1）在"身份认证"界面中点击"证件认证"按钮，如图 3-18 所示。

（2）进入"证件认证"界面，如图 3-19 所示。

▲ 图 3-18　点击"证件认证"按钮

▲ 图 3-19　"证件认证"界面

（3）在"证件认证"界面，商家需要上传身份证正面照片、身份证反面照片、手持身份证的照片，上传成功之后点击"提交"按钮，如图3-20所示。

（4）接下来的界面中会显示"认证信息审核中"的字样，如图3-21所示，商家接下来只要等待审核结果即可。

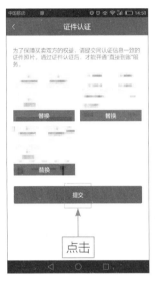

▲ 图3-20 点击"提交"按钮

▲ 图3-21 认证信息审核中

3.2.4 微店资质认证

微店商家除了需要进行身份认证之外，还需要进行资质认证。进行资质认证能够帮助顾客更加了解商家，提升微店商家的可信度，有助于微店商家获得更多的权利，如优先参加活动、加入微店买家版等。

接下来，将为大家介绍资质认证相关的操作，其具体流程如下。

（1）打开"微店"APP，在"微店"APP的首页点击"微店"区域，进入"微店管理"界面，然后点击头像区域，进入"微店管理"界面，在该界面点击"资质认证"按钮，如图3-22所示。

（2）进入"资质认证"界面，如图3-23所示。

在"资质认证"界面，可以看见"微博认证"和"实体店认证"两个选项。

接下来，将先为大家介绍"微博认证"的相关

▲ 图3-22 点击"资质认证"按钮

内容的操作，其具体流程如下。

（1）在"资质认证"界面点击"微博认证"选项，如图 3-24 所示。

（2）进入"微博认证"界面，点击"立即认证"按钮，如图 3-25 所示。

（3）跳转到"登录 – 新浪微博"界面，在该界面输入商家自己已经加 V 认证的新浪微博账号和密码，输入完成之后点击"登录"按钮，如图 3-26 所示。至此，完成微博认证。

▲ 图 3-23　"资质认证"界面

▲ 图 3-24　点击"微博认证"按钮

▲ 图 3-25　点击"立即认证"按钮

▲ 图 3-26　点击"确认"按钮

💡 专家提醒

　　需要注意的是，商家在进行微店的微博资质认证时，一定要确定自己用来认证的新浪微博是已经加Ｖ认证的，否则将无法完成微店的微博资质认证。

　　完成微博认证之后，商家如果拥有自己的实体店的话，还可以进行实体店认证。但是要进行实体店认证，就必须去微店网页版进行认证操作。接下来将为大家介绍在网页版上进行实体店认证的操作，其具体认证流程如下。

　　（1）在电脑浏览器的网址输入栏中输入"微店"的网址，进入微店网页版登录页面，登录自己的微店账号后，进入自己微店的首页，如图3-27所示。

▲ 图3-27　微店首页

　　（2）在微店首页找到"实体店认证"选项并点击它，如图3-28所示。

▲ 图3-28　点击"实体店认证"选项

　　（3）在弹出的"实体店认证"页面，根据自己的实际情况填写相关信息，填写完成后点击"提交"按钮，如图3-29所示。

▲ 图 3-29　点击"提交"按钮

（4）至此，即成功提交微店实体店认证资料，接下来商家需要做的就是等待资料审核的结果。

3.2.5　减库存方式

设置完微店资质认证之后，接下来商家还需要设置减库存方式。在店铺创立成功之后，系统就会自动将减库存方式设置为"拍下减库存"，如果商家不满意这个减库存方式的话，还可以自己修改减库存方式。接下来，将为大家介绍修改减库存方式的操作方法，其具体流程如下。

（1）打开"微店"APP，在"微店"APP 的首页点击"微店"区域，进入"微店管理"界面，点击头像区域进入"微店管理"界面，在该界面点击"减库存方式"按钮，如图 3-30 所示。

（2）进入"减库存方式"界面，在该界面可以看见"拍下减库存"和"付款减库存"两个选项，这里选中"付款减库存"即可，如图 3-31 所示。执行此操作后，即可完成减库存方式的修改。

▲ 图 3-30　点击"减库存方式"按钮

▲ 图 3-31　选中"付款减库存"选项

3.2.6 自动确认收货时间

在设置完减库存方式之后，商家还需要设置自动确认收货时间。设置自动确认收货时间是指买家付款之后，如果买家一直不确认收货，到了设定的时间之后，系统就会自动确认收货。在店铺创立成功之后，系统会自动将自动确认收货设置为"7天"，如果商家不满意这个自动确认收货的时间的话，可以自己修改收货时间。接下来，将为大家介绍修改自动确认收货的操作方法，其具体流程如下。

（1）打开"微店"APP，在"微店"APP的首页点击"微店"区域，进入"微店管理"界面，点击头像区域进入"微店管理"界面，在该界面点击"自动确认收货时间"按钮，如图3-32所示。

（2）进入"自动确认收货时间"界面，在该界面可以看见"7天""10天""15天""20天""25天""30天"共6个自动确认收货时间选项，这里选中除"7天"选项之外的任意一个选项即可，如图3-33所示。执行此操作后，即可完成自动确认收货的设置。

▲ 图 3-32　点击"自动确认收货"按钮

▲ 图 3-33　选中"10天"选项

3.3　设置交易方式

除了微店管理相关的内容，商家还需要了解微店交易方面相关的内容。接下来就将为大家介绍这方面的内容，以帮助广大微店商家给顾客营造一个安全、放心的购物环境。

3.3.1 设置担保交易

微店商家如果要给顾客提供一个安全性高的交易环境，让顾客可以放心地在自己的微店中下单购买商品的话，就需要开通担保交易服务。其实，微店商家在注册微店账号、创建店铺的时候，就需要开通担保。微店商家在开通担保交易的时候，要认真阅读《微店担保交易服务约定》。商家只有同意了开通担保交易才能够成功创建微店，所以微店商家成功创建微店后就已经开通了担保交易。

3.3.2 设置直接到账

微店平台为广大商家提供了"直接到账"的服务，商家开通"直接到账"服务后，买家即可选择以此付账方式支付货款，这样货款就会在买家付款后的第二天自动提现到商家绑定的银行卡中。如果微店商家要开通"微店"平台的"直接到账"功能，必须要进行实名认证和证件认证，并且商家的店铺要达到符合要求的安全等级。

接下来，将为大家介绍设置直接到账的操作方法，其流程如下。

（1）打开"微店"APP，在"微店"APP的首页点击"微店"区域，进入"微店管理"界面，点击头像区域进入"微店管理"界面，在该界面点击"直接到账"按钮，如图 3-34 所示。

（2）进入"直接到账"界面，如图 3-35 所示。在该界面点击"直接到账"后相对应的按钮，如果商家符合开通"直接到账"的条件，那么即可成功开通"直接到账"功能。

▲ 图 3-34 点击"直接到账"按钮

▲ 图 3-35 "直接到账"功能

3.3.3 设置货到付款

在微店购物过程中，货到付款是指由快递公司代收买家货款，货先送到买家手上，买家验货之后再把钱给送货员，也就是我们常说的"一手交钱一手交货"，之后再由快递方将货款转到卖家账户里去。通过货到付款的支付方式，买家可以开箱验货，先查看货物描述与购买的货物有无差别，检验货物真实性、质量、运送损伤等情况之后，根据情况再签单，如果与事实不符，买家可以拒签，并表明理由。

在微店交易中，使用货到付款的支付方式具有以下优点和缺点。

（1）优点：如果验货时发现商品质量问题，收到的货物和实际照片不符，可以拒收，避免了先付款后发货的被骗风险和退货的麻烦。

（2）缺点：对卖家和买家来说风险较高，卖家的风险在于买家恶意拍下，再恶意拒收；对于买家来说，风险就是付款后售后可能得不到保障。

总之，货到付款有利有弊，微店卖家在发货前要做好双方的沟通，尽量把风险降到最低。

接下来，将为大家介绍设置货到付款的操作方法，其具体流程如下。

（1）打开"微店"APP，在"微店"APP的首页点击"微店"区域，进入"微店管理"界面，点击头像区域进入"微店管理"界面，在该界面点击"货到付款"按钮，如图3-36所示。

（2）进入"货到付款"界面，如图3-37所示。

▲ 图3-36　点击"货到付款"按钮

▲ 图3-37　"货到付款"界面

（3）在该界面，可以看见微店给出的关于货到付款的相关信息及建议。如果商家最终决定开通"货到付款"功能，点击"货到付款"相对应的开关按钮，如图3-38所示。

（4）至此，即可开通"货到付款"功能，如图3-39所示。

▲ 图 3-38　点击"货到付款"相对应的开关按钮　　▲ 图 3-39　成功开通"货到付款"功能

　　商家开通"货到付款"功能后，还需要额外支付一定的服务费给快递公司，因此商家还需要设置"货到付款服务费"。接下来将为大家介绍设置"货到付款服务费"的操作方法，其具体流程如下。

　　（1）商家需要在成功开通"货到付款"后的"货到付款"界面点击"货到付款服务费"按钮，如图 3-40 所示。

　　（2）在弹出的"货到付款服务费比率（%）"框，选中一个比率，这里将以选中5% 为例，如图 3-41 所示。

　　（3）至此，即可成功设置货到付款服务费，如图 3-42 所示。

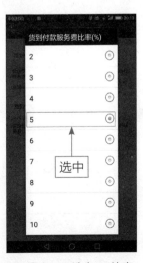

▲ 图 3-40　点击"货到付款　　▲ 图 3-41　选中5% 比率　　▲ 图 3-42　成功设置服务费比率
　　　　服务费"按钮

3.3.4 设置退货保障

有很多网购的顾客都会有一些顾虑，他们会担心看图片很喜欢的商品，买到手之后就不喜欢，或者担心商品的质量不如自己想象的好，这些顾虑会导致他们不敢轻易购买微店或其他网站上的商品。对于广大微店商家的经营来说，这是一种非常不利的现象。其实，对于顾客的这些困扰，微店商家借助"微店"平台提供的"退货保障"服务即可轻松解决。

接下来，将为大家介绍在"微店"上设置退货保障的操作方法，其具体流程如下。

（1）打开"微店"APP，在"微店"APP的首页点击"**微店**"区域，进入"微店管理"界面，点击头像区域进入"微店管理"界面，在该界面点击"退货保障"按钮，如图3-43所示。

（2）进入"退货保障"界面，点击"加入7天退货保障"按钮，如图3-44所示。

▲ 图3-43 点击"退货保障"按钮

▲ 图3-44 点击"加入7天退货保障"按钮

（3）在弹出的提示框中，点击"确认"按钮，如图3-45所示。

（4）此时，"退货保障"界面中就会出现"你已加入7天退货服务"的字样，如图3-46所示，这代表商家已成功开通退货保障服务。

▲ 图 3-45　点击"确认"按钮

▲ 图 3-46　成功开通退货保障服务

3.3.5　设置保证金保障

除了设置退货保障之外，商家还可以通过缴纳保证金给顾客提供购买保障。微店商家缴纳保证金不但能够使买家对自己更加信任，还能够拥有优先参加微店官方活动的权限。如果商家要缴纳保证金，就要在网页版微店上操作。接下来，将为大家介绍设置保证金保障的相关操作，其具体流程如下。

（1）在电脑浏览器的网址输入栏中输入"微店"的网址，打开微店网页版的登录页面，登录自己的微店账号后，进入店铺首页找到"保证金保障"功能并点击它，如图 3-47 所示。

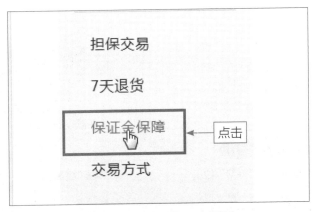

▲ 图 3-47　点击"保证金保障"

（2）在出现的"保证金保障"页面中，勾选"我已阅读并同意《微店消费者保障计划之保证金保障协议》"，然后点击"开通保证金保障"按钮，如图3-48所示。

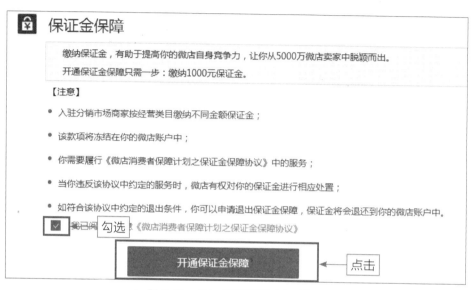

▲ 图3-48　点击"开通保证金保障"按钮

（3）在接下来的页面中，勾选"接受并同意《微店消费者保障计划之保证金保障协议》"，然后点击"支付保费"按钮，如图3-49所示。

（4）在接下来的页面中，商家可以通过微信或者支付宝扫描页面中的二维码进行付款，如图3-50所示。扫码付款之后，商家即成功缴纳保证金。

▲ 图3-49　点击"支付保费"按钮

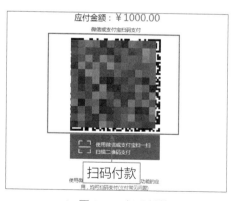

▲ 图3-50　扫码付款

3.4 微店商品管理

在介绍完微店商品来源、微店管理及设置交易方式的相关内容后，接下来将为大家介绍微店商品管理相关的内容。

3.4.1 添加微店商品

在手机上开微店，最重要的是要掌握大多数人上网时间的"高峰期"，尽可能多地让商品在这个时间段上架。要想掌握商品最佳的上架时间，首先需要清楚如何在"微店"APP 中添加商品。

在"微店"APP 中添加商品的操作流程如下。

（1）登录微店后，点击"商品"按钮，如图 3-51 所示。

（2）在出现的"出售中"界面，点击页面中的"添加新商品"按钮，如图 3-52 所示。

▲ 图 3-51　点击"商品"按钮

▲ 图 3-52　点击"添加新商品"按钮

（3）进入"添加商品"界面，即可开始填写商品信息，主要包括"商品图片""商品描述""价格""库存"等，图 3-53 所示为成功填写商品信息后的示例。

（4）信息填写成功之后，点击"添加商品"界面最右上角的"完成"按钮，即可成功添加商品，如图 3-54 所示。

▲ 图 3-53　填写商品信息

▲ 图 3-54　成功添加商品

3.4.2　搬家助手

商家如果有自己的淘宝店铺，也可以将自己淘宝店铺中的商品搬到微店中去。"微店"APP 中有一个功能叫"搬家助手"，以通过这个功能，商家可以将自己淘宝店铺中的商品搬到自己的微店中。

💡 专家提醒

　　需要注意的是，在采用"搬家助手"将自己淘宝店铺里的东西搬过来的时候，如果淘宝店铺里的商品比较多，那么搬运过来所要花费的时间就会比较长，商家需要有一定的耐心。

利用"搬家助手"将自己淘宝店铺中的商品搬到微店的具体操作流程如下。

（1）打开"微店"APP，点击"微店"APP 首页最右下角的小齿轮，如图 3-55 所示。

（2）进入"设置"界面，点击界面中的"搬家助手"，如图 3-56 所示。

（3）进入"搬家助手——微店"界面，在该界面可以看到"快速搬家"和"普通搬家"两个选项按钮，商家选择其中一个选项即可，这里以选中"快速搬家"选项为例，如图 3-57 所示。

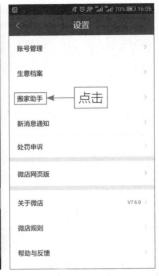

▲ 图 3-55　点击小齿轮　　▲ 图 3-56　点击"搬家助手"　　▲ 图 3-57　点击"快速搬家"按钮

（4）进入"淘宝账号登录"界面，输入自己店铺的淘宝账号后，点击"登录"按钮，如图 3-58 所示。

（5）在弹出的提示框中，核对店铺无误之后，点击"确定"按钮，如图 3-59 所示。

（6）这时，开始自动将淘宝店铺的商品搬到微店中。商品搬完之后，商家在自己的微店中就可以看见淘宝店铺中的商品。

▲ 图 3-58　点击"登录"按钮　　　　　　▲ 图 3-59　点击"确定"按钮

3.4.3　查看出售中商品

微店商家要管理好自己店铺的商品，就必须清楚自己店铺正在出售中的商品有哪些？接下来，将为大家介绍怎样在"微店"APP中查看自己店铺正在出售中的商品，其具体操作流程如下。

（1）打开并登录自己的"微店"APP，进入微店首页，点击"商品"按钮，如图3-60所示。

（2）进入"出售中/添加时间"界面，如图3-61所示，在该界面商家即可看见自己店铺中正在出售的商品。除此之外，还可以点击该界面中的"销量""库存"分类栏，查看相应分类栏下的商品。

▲ 图3-60　点击"商品"按钮

▲ 图3-61　"出售中"界面

3.4.4　查看已下架商品

微店商家除了需要清楚自己的店铺中有哪些正在出售中的商品之外，还要清楚有哪些商品已经下架了。清楚已下架的商品，能够帮助商家及时添加新商品，确保店铺的正常经营。接下来将为大家介绍怎样查看店铺中已下架的商品，其操作流程如下。

（1）打开并登录自己的"微店"APP，进入微店首页，点击"商品"按钮进入"出售中"界面，在该界面可以看见"出售中""已下架"和"分类"三个分类栏，点击"已下架"分类栏，如图3-62所示。

（2）进入"已下架"界面，如图3-63所示，在该界面商家可以看见自己店铺已经下架的商品。

▲ 图3-62　点击"已下架"分类栏

▲ 图3-63　"已下架"界面

3.4.5　查看分类商品

在查看了出售中的商品、已下架的商品后，商家还可以查看自己店铺商品的分类，了解自己店铺里商品的种类。接下来，将为大家介绍查看分类商品的操作，其具体流程如下。

（1）在"微店"APP首页点击"商品"按钮进入"出售中"界面，在该界面，点击"分类"分类栏，如图3-64所示。

（2）进入"分类"界面，如图3-65所示，在该界面商家可以看见自己店铺商品的分类。

▲ 图3-64　点击"分类"分类栏

▲ 图3-65　"分类"界面

3.4.6　管理商品分类

合理的商品分类可以使店铺的商品类目更加清晰，方便卖家和买家快速浏览与查找自己想要的宝贝。如果店铺发布的商品数目众多，那么合理的分类显得尤为重要。好的店铺分类，将会大大方便买家进行针对性浏览和查询，从而提高成交量。

接下来，将为大家介绍几种在"微店"APP 中，对商品进行分类的方法。

1. 添加商品时分类

在添加商品时进行分类的具体操作流程如下。

（1）打开并登录"微店"APP，然后点击"商品 / 添加新商品"按钮，进入"编辑商品"界面。在该页面，将商品信息填写完成之后，点击下方的"分类至"区域，给商品进行分类，如图 3-66 所示。

（2）在弹出的相应的分类页面，商家如果已经设置了分类，就可选择相应的分类栏；如果商家没有设置分类，则点击分类页面中的"新建分类"按钮，如图 3-67 所示。

▲ 图 3-66　点击"分类至"区域　　　　▲ 图 3-67　点击"新建分类"按钮

（3）在弹出的"新建分类名称"对话框中，输入分类名称，然后点击"确定"按钮，如图 3-68 所示。

（4）至此，即可成功创建分类栏，同时也为新添加的商品选中分类，然后点击"确定"按钮，如图 3-69 所示，即可成功为该商品分好类。

▲ 图 3-68　点击"确定"按钮创建分类

▲ 图 3-69　点击"确定"按钮为商品分类

2. 批量分类

批量分类的具体操作流程如下。

（1）打开并登录"微店"APP，然后点击"商品 / 分类"按钮，进入"分类"界面，如图 3-70 所示。

（2）在该界面可以看见未分类商品，点击未分类商品，即可进入"未分类"界面，然后点击该界面右下角的"批量管理"按钮，即可进入"管理未分类"界面，如图 3-71所示。

▲ 图 3-70　"分类"界面

▲ 图 3-71　"管理未分类"界面

（3）在"管理未分类"界面，先选中要批量分类的商品，然后点击界面中的"分类至"按钮，即可弹出相应的界面，然后点击"新建分类"，如图 3-72 所示。

（4）在弹出的"新建分类名称"对话框中，输入分类名称"摄影书籍"，然后点击"确定"按钮，如图 3-73 所示。

▲ 图 3-72　点击"新建分类"按钮

▲ 图 3-73　点击"确定"按钮新建分类

（5）在弹出的相应的界面中，点击"确定"按钮，如图 3-74 所示，即可完成商品的批量分类。

（6）商家只要进入"摄影书籍"分类中，即可看见添加的商品，如图 3-75 所示。

▲ 图 3-74　点击"确定"按钮

▲ 图 3-75　查看分类中的商品

3.4.7　快速分享商品

在"微店"平台上，商家可以通过分享功能，将自己店铺的商品分享到其他平台上，这样就可以让更多的人看见自己店铺的商品，从而提高商品被购买的概率。接下来，将为大家介绍快速分享商品的方法，其具体操作流程如下所示。

（1）在"微店"首页点击"商品"按钮，进入"出售中"界面，点击要分享的商品相对应的"分享"按钮，如图 3-76 所示。

（2）在出现的相对应的界面中，有几种可供商家分享的社交软件，选中其中的一个即可将商品分享到该平台，这里以选中"朋友圈"为例，如图 3-77 所示。

（3）在接下来的界面中，写上一些吸引他人购买商品的话，然后点击"发送"按钮，如图 3-78 所示。执行此操作后，商家即成功将微店商品分享到自己的朋友圈。

▲ 图 3-76　点击"分享"按钮　　▲ 图 3-77　选中"朋友圈"　　▲ 图 3-78　点击"发送"按钮

第 4 章

店铺装修，怎么才能漂亮

学前提示

　　一个装修精美的店铺，相对于装修普通的店铺来说，会更具吸引力。因此商家需要在店铺装修上下功夫，用心打造一个装修精美的店铺，以此获得更多的流量和顾客。本章将介绍微店装修相关的内容，助力商家打造一个专属于自己的美丽微店。

要点展示

>>> 精选模板打造个性店铺
>>> 手机摄影拍出美美照片
>>> 微店装修的基本步骤
>>> 微店装修的基本模块
>>> 排版君——微店专用图片美化工具
>>> 其他店铺装修服务

4.1 精选模板打造个性店铺

独特、有个性的店铺装修，能够让顾客在浏览商品时拥有更好的视觉体验，在一定程度上延长顾客在店铺的停留时间，从而提高店铺商品的被购买率。因此，如果微店商家想要让自己店铺拥有更高的购买率，那么就必须要精心装修自己的店铺。接下来，将为大家介绍打造个性店铺的相关内容。

4.1.1 查看模板效果示例

"微店"平台上提供了装修模板，商家在装修自己的微店时，如果想要购买微店提供的装修模板，但又担心模板效果不好时，可以先查看运用装修模板后的效果示例。查看运营模板效果示例的操作流程如下。

（1）打开"微店"APP，点击 APP 首页上方的店铺名称区域，进入"微店管理"界面，然后在该界面点击"店铺装修"按钮，如图 4-1 所示。

（2）接下来进入"店铺装修"界面，在该界面可以看见很多装修模板，商家需要挑选一个自己喜欢的模板并且选中该模板，在这里以选中"园艺生活模板"为例，如图 4-2 所示。

▲ 图 4-1　点击"店铺装修"按钮

▲ 图 4-2　选中"园艺生活模板"

（3）进入"预览模板"界面，在该界面可以预览装修模板的效果示例，如图 4-3 所示。

▲ 图4-3　装修模板效果示例

4.1.2　开通底部自定义菜单

商家在装修自己的微店的时候，可以开通底部自定义菜单功能，为自己店铺的商品进行分类，帮助顾客轻松找到自己想要的商品，提高店铺流量的转化率，同时展示店铺的独特个性。接下来，将为大家介绍开通底部自定义菜单的具体操作方法，其流程如下。

（1）打开"微店"APP，点击APP首页上方的店铺名称区域，进入"微店管理"界面，然后在该界面点击"店铺装修"按钮，如图4-4所示。

（2）进入"店铺装修"界面后，点击"开通底部自定义菜单"后的"开通>"按钮，如图4-5所示。

▲ 图4-4　点击"店铺装修"按钮

▲ 图4-5　点击"开通>"按钮

（3）进入"底部自定义菜单"界面后，点击"购买"按钮，如图4-6所示，购买底部菜单。

（4）在弹出的"请选择付款方式"对话框中，选择其中一种付款方式，这里以选中"￥8.00/3个月"选项为例，如图4-7所示。

▲ 图4-6　点击"购买"按钮

▲ 图4-7　选中"￥8.00/3个月"选项

（5）在弹出的"支付"对话框中，点击"下一步"按钮，如图4-8所示。

（6）在接下来的"填写银行卡信息"界面，输入自己要绑定的银行卡账号，然后点击"下一步"按钮，如图4-9所示。

▲ 图4-8　点击"下一步"按钮

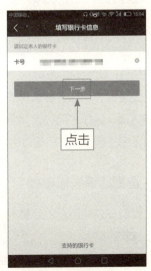

▲ 图4-9　填写银行卡号后点击"下一步"按钮

（7）在接下来的"填写银行卡信息"界面，输入相关的信息，输入完成之后，点击"下一步"按钮，如图4-10所示。

（8）进入"填写验证码"界面，商家需要将手机上收到的验证码输入到相应的地方，然后点击"下一步"按钮，如图4-11所示。执行此操作后，即可完成底部自定义菜单栏的购买，然后商家就可以进行相关的设置。

▲ 图4-10　填写银行卡信息后点击"下一步"按钮　　▲ 图4-11　填写验证码后点击"下一步"按钮

4.1.3　查看优秀店铺方案

商家在装修自己的微店时，如果有好的装修思路，不妨先去逛逛那些装修得很优秀的店铺。查看优秀的装修店铺，能够给商家提供装修的灵感，有助于商家创作出更新颖、有特色的店铺装修方案。

需要注意的是，在查看优秀的店铺装修方案时，要尽量找跟自己售卖的商品是一个领域的店铺，这样才能确保参考这些店铺的装修风格后，商家自己装修出来的店铺风格跟自己店铺经营的产品相符合。

4.1.4　选择店铺装修模板

微店商家在装修自己的店铺时，如果不会自己设计模板，可以在"微店"平台上挑选自己喜欢的模板。

在"店铺装修"界面中，"微店"平台为广大商家提供了"新品上架""编辑精选""热门畅销""设计推荐"几个分类的店铺装修模板，如图4-12所示。商家可以在这些分类中选出最适合自己店铺的装修模板，并将看中的模板购买下来用于自己店铺的装修。

▲ 图 4-12 "微店"平台提供的店铺装修模板类型

4.2 手机摄影拍出美美照片

商家在装修店铺的时候，需要上传产品的图片。建议商家在上传产品图时，最好使用自己拍摄的实拍图，因为这样能够给顾客更真实的感觉，同时，相对于那些使用他人产品图片的商家来说，也会更有竞争力。

既然要自己拍产品图片，就必须要掌握一些拍照技巧，以确保拍出的产品图漂亮、有吸引力。接下来，将介绍几种实用的手机拍照技巧，以帮助大家拍出美美的照片，从而吸引更多顾客购买店铺的产品。

4.2.1 注重照片画面的平衡感

在给自己的商品拍照的时候，要注意保持所拍物品画面的平衡感。所谓的保持画面平衡感，并不是说商家在拍照时一定要将手机摄像头与物品之间保持平行，而是指照片画面要有层次感，画面中的物品要有主次之分。

要使拍出的照片画面有平衡感，可以试试用水平构图法去拍摄商品的照片。使用这种拍摄手法拍出的照片，最大的特色是画面中一定会有一条水平线。

图 4-13 所示为采用水平线构图手法拍摄出的照片（照片来源：微信公众号"手机摄影构图大全"）。

▲ 图 4-13　采用水平线构图拍摄出的照片

4.2.2　把握好拍照时的光线

想要拍出好看的照片，就必须把握好光线问题。一张成功的商品照片，拥有充足的光线是非常重要的。

在拍摄商品照片时，一定要在光线充足的情况下进行。既不能在光线过于强烈的情况下拍摄，也不能在光线过于阴暗的情况下进行拍摄。因为过于强烈的光线，容易使拍出的照片曝光过度，而过于阴暗的光线又容易导致照片画面显得阴沉。

在拍摄照片时，如果是白天，那么就尽量选择在光线充足，但又不会拥有过强光线的地方拍摄；如果是在晚上拍摄的话，那么就一定要做好物品的打光，打光时要注意光线强弱的适宜。

4.2.3　试一试横握手机拍照

很多人在用手机拍照时，都喜欢竖着手机拍照。虽然这种拍摄手法没有错误，但是如果在拍摄物品照片时试着将手机横握着拍照，可能会拍出意想不到的效果。

横握手机，相对于竖着手机拍照来说，拍出照片的画面左右空间更宽一些，会使得画面有一定的延展性。采用竖握手机与横握手机拍照，其最终拍出的照片，在视觉上会有一定的差别。

图4-14所示为采用竖握手机（左）和横握手机（右）拍出的同一景物的两张照片，其效果对比一看便知（照片来源：微信公众号"手机摄影构图大全"）。

▲ 图4-14 采用横握手机与竖握手机拍摄同一景物的效果对比

💡 专家提醒

　　需要注意的是，在拍摄物品照片时并不一定都要采用横握手机的方法，具体握手机的方法还是要根据所拍物品的摆放以及商家最终想要呈现出来的照片效果来决定。

4.2.4　掌握拍摄的构图技巧

　　在用手机拍摄商品照片的时候，可以多使用一些构图技巧。不同的构图技巧，能在拍摄同一物品时拍出不一样的效果。

　　常用的构图技巧有很多，如黄金分割线构图法、三分线构图法、水平线构图法等等。可以专门学习一些这样的构图技巧，这样就可以在拍摄商品照片时将同一种商品拍出不用的意境。

　　图4-15所示为采用不同的构图技巧拍摄同一景物得到的不同效果展示，上面一张采用的是仰拍＋左前侧构图，下面一张采用的是仰拍＋正面构图（照片来源：微信公众号"手机摄影构图大全"）。

▲ 图 4-15　采用不同构图技巧拍摄同一景物的效果展示

4.2.5　突出照片中的主体

在拍摄商品照片时，商品就一定要是整个画面中的主体。如果拍出的照片主体不明确，那么为了使照片的主体更加突出，可以虚化照片的背景，这样自然就能够使得照片画面中的主体更加鲜明。

现在的手机都具备对焦的功能，商家在拍摄照片的时候，可以采用自动或手动对焦，将焦点聚集在所要拍摄的物品上，即可达到虚化背景，突出主体的目的。

图 4-16 所示为采用了虚化背景，突出主体的方法拍出的照片（照片来源：微信公众号"手机摄影构图大全"）。

▲ 图 4-16　采用虚化背景、突出主体的方法拍摄出的照片

4.2.6　选择合适的拍摄场景

商家在拍摄照片的时候，一定要选择一个合适的拍摄场景，这对拍摄的成品照片会有很大的影响。

在拍摄商品照片的时候，一定要注意拍摄背景与商品是否风格统一。只有在拍摄背景与拍摄的商品，两者之间风格统一的情况下，才能拍出好看的照片。在选择拍摄背景的时候，要尽量选择简单或纯色的背景，这样拍出来的商品照片才不会存在风格差异。

4.2.7　借小道具打造鲜活画面

有时候，为了配合拍摄商品的意境，可以在布置拍摄场景时，适当使用一些小道具做装饰品，以使照片画面更加鲜活。

但是需要注意的是，在选择辅助用的小道具时，不能够选择颜色过于花哨的，一定要选择与照片整体画面的色调相协调的道具。同时，选择的道具数量也不宜过多，因为过多的道具容易喧宾夺主，弱化商品的存在。

4.2.8　注意拍摄的角度

在拍摄商品照片的时候，一定要选择最佳的角度去拍摄。最佳的角度，指的就是最能够将商品的特点凸显出来的角度。

如果商家不能够准确地找到哪个角度才是拍摄物品的最佳角度，就可以在不同角度拍摄一张或几张照片，然后将所拍的照片放在一起进行对比，找出商品的最佳拍摄角度即可。

4.2.9　学会使用修图软件

有时候，商家在拍完商品照片之后，所得到的照片并不是最佳的，但是也不一定要重新再拍一套照片。因为，只要借助一些专业的修图软件，即可打造出更好的商品照片。

现在大部分的手机都会自带修图功能，如果觉得手机自带的修图功能并不能满足自己的需求，还可以借助一些常见的手机修图软件进行修图。常见的手机修图软件有美图秀秀、VSCO Cam InstaSize 等。

4.3　微店装修的基本步骤

微店商家既然要对自己的店铺进行装修，就必须清楚店铺装修的具体操作步骤。只有清晰了解装修步骤，才能在装修的过程条理清晰，确保店铺装修工作井井有序地开展。接下来，将为大家介绍微店装修的基本步骤。

4.3.1　选择合适的素材图片

微店商家在开始装修自己的店铺之前，需要选择合适的装修素材。合适的装修素材指的是所选的图片素材要与自己店铺的风格、店铺售卖的商品的风格相适应。例如，微店商家经营的是一家售卖鲜花植物的店铺，那么在选择装修店铺素材的时候，就可以找一些能给人素雅、温馨感觉的图片。

在选择合适的素材图片的时候，可以通过各种渠道去寻找，如专门的图片网站，例如昵图网、千图网、360 图片、百度图片等。除此之外，平时在上网、浏览图片的时候，如果遇见好看的、合适的图片，也可以将其保存、收藏起来，说不定在以后装修店铺的时候，这些图片就能够派上用场。

4.3.2　对图片进行后期处理

在找好合适的图片素材之后，接下来就需要对图片素材进行后期处理了。后期处理是很重要的一个步骤，它能够给图片带来锦上添花的效果，使一张图片看起来更加精美。

在给图片进行后期处理的时候，可以将图片中原有的一些元素去掉，也可以添加一些新的元素到图片上。如果商家寻找的图片素材原本有水印或者其他印记，那么在进行图片后期处理的时候，要将图片原有的水印去掉。

在进行图片后期处理的时候，还可以根据微店图片大小的要求，对图片进行剪裁，使得最后要上传到微店的图片尺寸大小是最佳的。

4.3.3　将图片放入微店

微店装修的最后一步，就是将整理好的图片上传到自己的微店。商家在将图片上传到自己微店的时候，需要注意将图片上传到正确的地方，不要搞混了，例如，不能将店招图片上传到店铺 LOGO 处。

将图片上传到微店的方法，与设置店铺 LOGO 的方法一致，前面章节中已经介绍过上传店招的方法，这里不再赘述。

4.4　微店装修的基本模块

微店商家如果要装修店铺的话，那么就必须要了解微店装修的基本模块有哪些。只有清楚微店的每一个模块，才能够将店铺的每一个模块都装修好。接下来，将为大家介绍微店装修的基本模块。

4.4.1　店铺形象模块设计

微店商家在进行店铺装修的时候，需要了解店铺的形象模块设计相关的内容。所谓的微店的形象模块，指的就是微店店铺的 LOGO、微店店铺封面、店长头像等模块。因此，店铺形象模块设计，指的就是商家要对自己店铺的 LOGO、店长头像、店铺封面等模块进行设计。

当顾客进入一家微店时，这些模块就会出现在顾客的眼中，尤其是店铺的封面，它会出现在店铺首页的最上方，且所占比例也会比较大。这些模块设计的好坏，会在很大程度上影响顾客对微店整体设计的评价，所以商家一定要认真对待。

4.4.2　导航模块设计

在微店中，每个店铺的主页都会有一个导航模块，如图 4-17 所示。商家只要对自己店铺的商品进行分类，就可以对导航模块进行设计。店铺商品分类越多，导航模块的分类就会越多，也就意味着导航模块设计得更详细。

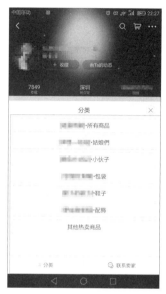

▲ 图 4-17 微店店铺导航模块示例

在设计导航模块的时候，商家可以根据自己店铺经营的商品进行分类，将同一类商品放在一个分类栏下，顾客只要点击该分类栏即可进入相应的商品分类界面。这样就能够起到导航的作用，给顾客在自己店铺里浏览、购买商品提供便利。

4.4.3 作品模块设计

微店商家进入自己店铺的装修界面就可以看见一个"作品"模块。在该模块中，商家可以上传图片，秀出自己。

设计"作品"模块的具体操作方法如下。

（1）登录"微店"APP 后，在首页界面点击店铺名称区域，进入"微店管理"界面并在该界面点击"店铺装修"按钮，如图 4-18 所示。

（2）进入"店铺装修"界面后，点击最右下角的"编辑"按钮，如图 4-19 所示。

（3）进入"自定义装修"界面后，就可以看见"作品"模块，如图 4-20 所示。

（4）在该模块，点击"＋"按钮，如图 4-21 所示，即可上传照片。

▲ 图 4-18　点击"店铺装修"按钮

▲ 图 4-19　点击"编辑"按钮

▲ 图 4-20　"作品"模块

▲ 图 4-21　点击"＋"按钮

（5）在上传图片的时候，可以放一些宣传自己、商品或店铺的图片，上传之后效果展示如图 4-22 所示。

（6）图片上传之后，还可以为图片添加 200 字内的描述语。添加描述语之后，点击下方的"应用到店铺"按钮，如图 4-23 所示。

▲ 图 4-22　上传图片后的效果展示

▲ 图 4-23　点击"应用到店铺"按钮

4.4.4　推荐商品模块设计

在微店的"自定义装修"界面，除了有"作品"模块之外，还有"商品"模块。商品是一家微店的核心所在，有商品的存在，店铺才有经营下去的意义，因此商家要好好装修商品模块。如果要查看自己店铺"商品"模块中的内容，可以按照以下操作查看。

（1）点击"自定义装修"界面中的"商品"按钮，如图 4-24 所示。

（2）进入"自定义装修"界面后，可以看见"商品"模块中的商品，如图 4-25 所示。

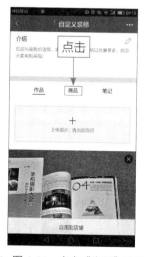

▲ 图 4-24　点击"商品"按钮

▲ 图 4-25　查看"商品"模块中的商品

在"商品"模块中点击商品，可以查看它的详情介绍，但是不能在"自定义装修"界面的"商品"模块进行商品设计，而是应该在添加商品时进行商品设计。在添加商品的时候，商家需要注意商品封面图以及商品详情图的设计。关于商品详情图的设计，后面小节中会详细介绍。

4.4.5 店长笔记模块设计

除了"作品""商品"模块之外，在微店的"自定义装修"界面，还可以看见"笔记"模块。"笔记"模块中，包含的是微店商家记在"店长笔记"中的内容。商家如果要查看自己店铺"店长"模块中的内容，可以按照以下操作查看。

（1）点击"自定义装修"界面中的"笔记"按钮，如图 4-26 所示。

（2）进入"自定义装修的"笔记"模块"界面，如图 4-27 所示，即可看见自己写下的笔记。

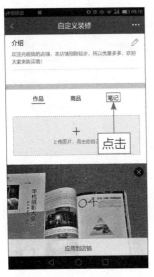

▲ 图 4-26 点击"笔记"按钮

▲ 图 4-27 查看"笔记"模块中的笔记

在"自定义装修"界面的"笔记"模块，商家只能够查看自己已经写下的店长笔记，而不能设计店长笔记。如果要设计店长笔记的话，需要在"微店"APP 的"笔记"功能中进行，前面的章节已经介绍过撰写店长笔记的操作，这里不再赘述。

4.4.6 微店封面装修设计

在前面介绍店铺形象设计模块时，稍微提到过店铺封面制作。本节将介绍制作、设计微店封面的操作，其具体流程如下。

（1）在"自定义装修"界面，点击最上方的店铺封面区域，如图4-28所示。

（2）在弹出相应的选项框中，主要提供了"拍照""从手机相册选择"两种操作方法，商家需要从中选择选一种操作方法，这里以选中"从手机相册选择"为例，如图4-29所示。

▲ 图4-28　点击店铺封面区域

▲ 图4-29　选中"从手机相册选择"选项

（3）进入商家的手机相册后，在手机相册中找出最适合做店铺封面的照片，并且选中它，如图4-30所示。然后点击"完成"按钮。

（4）至此，即可将微店封面替换成自己想要的，同时商家需要点击"应用到店铺"按钮，如图4-31所示。执行此操作后，即可将设计好的店铺封面应用到微店。

▲ 图4-30　选中一张照片

▲ 图4-31　点击"应用到店铺"按钮

4.4.7　微店招牌装修设计

微店招牌装修设计，也是微店商家在装修店铺时必须要做好的一部分。微店招牌装修，其实就是指商家对微店 LOGO 的装修设计。

微店招牌的重要性，相信广大微店商家都是清楚的，它决定了一个店铺的形象，决定了顾客对一家店铺的第一印象，同时在一定程度上代表了一个微店商家的审美观。所以商家在进行店铺招牌装修设计时，一定要谨慎对待，争取设计出最佳的微店招牌，为店铺带来更多的流量与顾客。

4.5　排版君——微店专用图片美化工具

"微店"平台为广大商家用户提供了一项叫"排版君"的功能。这项功能是"微店"专用的图片美化工具，商家可以借助这项功能，装修、美化自己的店铺。接下来，将为大家介绍"排版君"相关的内容。

4.5.1　在"服务"里找到排版君

商家要使用"排版君"功能，首先就得清楚该功能在"微店"的哪个地方。在"服务"功能中找到"排版君"的具体操作流程如下。

（1）打开"微店"APP 并进入微店首页界面，找到"服务"功能并点击它，如图 4-32 所示。

（2）进入"服务"界面后，即可找到"排版君"功能。

▲ 图 4-32　点击"服务"按钮

4.5.2 制作商品详情图

在"排版君"功能中，还包括了几项子功能，商品详情图就是其中的一项。在"商品详情图"功能中，拥有很多的商品详情模板，商家可以借助这些模板制作自己的商品详情图。接下来，将为大家介绍制作商品详情图的操作方法，其具体流程如下。

（1）在"服务"界面中点击"排版君"按钮。

（2）进入"排版君"界面后，选中"商品详情图"选项，如图4-33所示。

▲ 图4-33 选中"商品详情图"选项

执行此操作后，即可进入"模板列表"界面，在该界面可以看见很多模板，商家可以直接在该界面寻找模板，也可以按条件寻找自己想要的模板。接下来将为大家介绍按条件筛选模板，其操作流程如下。

（1）在"模板列表"界面中，点击"筛选模板"按钮，如图4-34所示。

（2）在弹出的相应的界面中，可以看见"行业"和"图片数"两个分类栏，商家可以根据自己的实际情况跟需求选择行业和图片数。这里将以"各行业均适用"和"全部"为条件，然后点击右下角的"确定"按钮，如图4-35所示。

（3）这时，即可出现符合条件的商品详情模板，在这些模板中挑选出一个最适合的模板并且选中它，如图4-36所示。

（4）进入"编辑图片"界面后，点击商品图片，如图4-37所示。

▲ 图 4-34　点击"筛选模板"按钮

▲ 图 4-35　点击"确定"按钮

▲ 图 4-36　选中一个模板

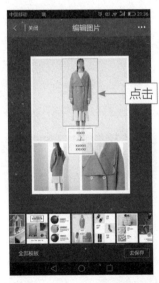

▲ 图 4-37　点击商品图片

（5）进入手机相册后，选中要替换的商品照片，如图 4-38 所示。然后点击"完成"按钮。

（6）返回到"编辑图片"界面，会发现原本的商品图片已经替换成自己的商品图片，如图 4-39 所示。

▲ 图4-38　选中商品图片

▲ 图4-39　成功替换商品图片

（7）接下来，商家可以将模板中的图片都换成自己的商品图片，换好之后的效果如图4-40所示。

（8）接下来，可以点击模板的中间处并在模板中输入一些宣传语，输入完成后，右下角的"去保存"按钮，如图4-41所示，即可完成商品详情图的制作。在制作完商品详情图之后，根据系统提示将图片保存到手机。

▲ 图4-40　替换后的效果展示

▲ 图4-41　点击"去保存"按钮

4.5.3 制作二维码海报

"二维码海报"功能也是"排版君"中的一项子功能。商家可以通过"二维码海报"功能，制作出专属于自己的二维码海报，然后将这些海报分享到其他平台上，为自己、店铺、店铺商品进行推广，从而提高知名度，获得更多的流量与顾客。

"二维码海报"功能提供了"店铺推广"和"单品推荐"两大类型的二维码海报模板，因此商家可以制作店铺和商品两种类型的二维码海报。接下来，将以制作"店铺推广"类型的二维码海报为例，介绍其制作方法，具体流程如下。

（1）在"排版君"界面中，选中"二维码海报"选项，如图 4-42 所示。

（2）进入"模板列表"界面后，点击"筛选模板"按钮，如图 4-43 所示。

▲ 图 4-42 选中"二维码海报"选项

▲ 图 4-43 点击"筛选模板"按钮

（3）在弹出相应的界面中，选中"店铺推广"选项，然后点击该页面最右下角的"确定"按钮，如图 4-44 所示。

（4）出现符合要求的装修模板后，在这些模板中挑选一个自己最满意的模板，并且选中它，如图 4-45 所示。

（5）进入"编辑图片"界面，点击模板中的图片，如图 4-46 所示。

（6）进入商家手机相册，选中一张自己认为最合适的图片，如图 4-47 所示。然后点击"完成"按钮。

▲ 图 4-44　点击"确定"按钮

▲ 图 4-45　选中一个模板

▲ 图 4-46　点击模板中的图片

▲ 图 4-47　选中图片

（7）此时，即成功替换模板中的图片。商家可以按照这种方法将模板中的图片都替换成与自己店铺相关的照片，并且在模板中相应的地方输入店铺名字及店铺介绍，成功后的效果如图 4-48 所示。

（8）点击"去保存"按钮，如图 4-49 所示，然后根据系统提示将制作好的图片保存到手机。

▲ 图 4-48　替换后的效果展示

▲ 图 4-49　点击"去保存"按钮

4.5.4　制作店铺 LOGO

　　前面章节中，介绍了设置店铺 LOGO 的方法，接下来将介绍借助"排版君"功能制作店铺 LOGO 的方法，以帮助大家掌握制作店铺 LOGO 的方法，制作吸睛的店铺 LOGO。制作店铺 LOGO 的操作方法具体如下。

　　（1）在"排版君"界面中，选中"店铺 LOGO"选项，如图 4-50 所示。

▲ 图 4-50　选中"店铺 LOGO"选项

（2）进入"模板列表"界面后，挑选一个自己喜欢且合适的模板，然后选中它，如图 4-51 所示。

（3）进入"编辑图片"界面，在该界面点击模板，将模板中的字换成自己想要输入的内容，然后点击"去保存"，如图 4-52 所示。然后，根据系统提示将制作好的图片保存到手机。

▲ 图 4-51　选中一个模板

▲ 图 4-52　点击"去保存"按钮

💡 专家提醒

可以借助"排版君"的"店铺 LOGO"功能，多制作几个店铺 LOGO，然后从中挑选出最适合的一个作为自己店铺的 LOGO。

4.5.5　制作微店店铺招牌

在介绍完制作店铺 LOGO 之后，接下来将为大家介绍借助"排版君"中的"微店店铺招牌"功能制作属于自己的微店店铺招牌的方法，其操作流程如下。

（1）在"排版君"界面中选中"微店店铺招牌"选项，如图 4-53 所示。

（2）进入"模板列表"界面后，挑选一个自己喜欢且合适的模板，然后选中它，如图 4-54 所示。

（3）进入"编辑图片"界面后，点击模板，将模板中的文字换成自己想要输入的内容，然后点击"去保存"，如图 4-55 所示。然后，根据系统提示将制作好的图片保存到手机。

▲ 图 4-53　选中"微店　　　　▲ 图 4-54　选中一个模板　　　▲ 图 4-55　点击"去保存"
店铺招牌"选项　　　　　　　　　　　　　　　　　　　　　　按钮

💡 专家提醒

　　在制作店铺招牌的时候，如果不喜欢模板中的图片，还可以将模板中的图片换掉。同样地，也可以多制作几个店铺招牌，从中挑选最合适的上传到自己的微店中。

4.5.6　制作微店轮播广告

　　很多的微店店铺会在微店中制作轮播广告，重点推荐店铺中的几款产品。这些轮播广告能够在顾客进入店铺之后，重复多次出现在顾客的视线中，从而引起顾客的好奇点进去浏览。接下来，将为大家介绍借助"排版君"中的"微店轮播广告"功能，制作微店轮播广告的操作方法，其具体流程如下。

　　（1）在"排版君"界面中选中"微店轮播广告"选项，如图 4-56 所示。

　　（2）进入"模板列表"界面后，挑选一个自己喜欢且合适的模板，然后选中它，如图 4-57 所示。

　　（3）进入"编辑图片"界面后，点击模板中的商品图片，将其换成自己的商品图片，换好之后的效果如图 4-58 所示。

　　（4）接下来，将商品名称和价格也改成自己商品的名称和价格，然后点击"去保存"，如图 4-59 所示。然后，根据系统提示将制作好的图片保存到手机。

▲ 图 4-56　选中"微店轮播广告"选项

▲ 图 4-57　选中一个模板

▲ 图 4-68　图片替换后的效果展示

▲ 图 4-59　点击"去保存"按钮

💡 专家提醒

　　在制作微店轮播广告的时候，需要多制作几个商品的轮播广告图片，然后在进行店铺设置的时候，将几个商品的图片设置成轮播形式，即可达到商品轮播效果。

4.6 其他店铺装修服务

除了上述介绍的几种装修服务之外，"微店"APP 还为广大商家提供了一些其他的装修服务。接下来，将为大家介绍这些店铺装修服务。

4.6.1 店铺装修服务

在前面章节介绍"微店"APP 的基本功能时，曾提到过微店的"服务"功能中的"店铺装修服务"。这里将为大家详细介绍店铺装修服务。

在"微店装修服务"中，微店商家可以购买多种类型的店铺装修服务，具体如图 4-60 所示。这些装修类型基本上涵盖了微店装修的各个方面，微店商家如果实在不会，或者没有时间，或者想要让自己店铺的装修更加精美，那么就可以在"店铺装修服务"中拍下相应的装修套餐，交给专业的设计师帮助自己将店铺装修得更好。

如果要拍下某个装修套餐，必须要了解清楚装修套餐中具体包括哪此装修模块，这样可以避免后期发生一些不必要的麻烦。

▲ 图 4-60 "店铺装修服务"中包括的装修服务类型

4.6.2 真人实拍照片

商家在装修自己的店铺时，也要将商品图片考虑到装修的范畴中去。因为好看、有特色的商品照片，本身就能够装饰店铺。所以商家一定要尽可能地把自己店铺的商品照片拍得吸引人。

　　将店铺商品的图片拍得精美、有吸引力，对于服饰商家来说尤为重要。要将服装的优点展示出来，拍照的模特就一定要颜值高、气质好。如果商家找不到符合要求的模特，那么微店中的"真人实拍"功能，将会是广大女装商家的福音（"微店"平台中的"真人实拍"服务，目前只有女性模特，所以只能拍女装）。

　　如果想要详细了解"真人实拍"服务，可以按照以下操作去相关界面了解。

　　（1）在"微店"首页点击"服务"功能，进入"服务"界面。

　　（2）点击选中"真人实拍"选项即可进入"真人实拍"界面，如图 4-61 所示。在该界面不仅可以查看"真人实拍"服务的详细内容，还可以下单购买"真人实拍"服务。

▲ 图 4-61　"真人实拍"界面

第 5 章

对接微店，公众账号管理

学前提示

　　对于微店商家来说，微信平台是个重要的商业平台，商家可以将自己的店铺与微信平台对接起来,这样不仅能够获取更多的客源,维护与顾客之间的关系,还能够借助微信公众平台开一家微信小店,实现多赢。本章将介绍这方面相关的内容。

要点展示

>>> 微信公众平台的使用方法
>>> 如何创建微信小店
>>> 将微店与微信平台对接

5.1　微信公众平台的使用方法

随着微信公众平台的不断发展，它也在慢慢向商业平台发展，越来越多的商家开始借助该平台拓展自己的商业渠道。商家如果要在微信公众平台上开展自己的商业之路，就必须要掌握微信公众平台的使用方法。

5.1.1　公众平台的注册条件

对于想在微信开店的商家来说，必须满足几个先决条件：第一，必须是服务号；第二，必须开通微信支付接口。其中，服务号和微信支付都需要企业认证。很多企业或个人因为知名度、资质不达标、粉丝要求等条件，无法完成微信公众平台的开通。

1. 确定账号类型

每一个个人和企业都可以申请两个平台账号、服务号或订阅号。服务号申请后无法修改账号类型，而订阅号可以升级为服务号。在申请之前，用户需要确定好账号的类型，明确自己的需求。

2. 准备注册资料

注册开始前，需要准备好注册资料，这样就可以一步填写完，不用浪费时间，效率会更高，也能提高申请的成功率。

个人注册需要准备的资料主要有：申请人的身份证号、申请人的真实姓名、申请人的手机号码、申请人的手持身份证照片、固定电话号码。

企业申请需要准备的资料主要有：企业邮箱、营业执照注册号、营业执照副本扫描件（扫描件可以用相机拍照）、组织机构代码、运营者身份证、运营者手持证件照片、手机号码、授权运营书（打印出来签名盖章后扫描上传，也可以拍照）。

> **💡 专家提醒**
>
> 认证需注意的事项如下。
> * 认证通过后资料不可以修改，资料会和微博当前的认证内容同步；
> * 微博认证资料后续修改暂不会同步到微信公众号的"微信认证资料"处；
> * 已通过微信认证的明星、商家、企业、媒体等机构则不需要关联微博；
> * 申请微信公众号认证时，关联的微博账号昵称必须与公众号昵称一致；
> * 个人、企业认证的腾讯微博／新浪微博都可以申请认证微信公众平台。

5.1.2　注册微信公众平台

明确了自己的定位，也准备好了相关资料，接下来商家就可以开始注册微信公众平台了，具体操作方法如下。

（1）在电脑上的浏览器中输入"微信公众平台"进入微信公众平台官网，然后点击右上角的"立即注册"按钮，如图 5-1 所示。

▲ 图 5-1 点击"立即注册"按钮

（2）选择要注册的账号类型后，进入"基本信息"页面，如图 5-2 所示。在该页面需要输入"邮箱""密码""确认密码""验证码"等信息。

▲ 图 5-2 "基本信息"页面

（3）信息输入完成之后，勾选"我同意并遵守《微信公众平台服务协议》"，然后点击"注册"按钮，如图 5-3 所示。

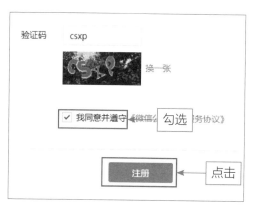

▲ 图 5-3　勾选"我同意并遵守《微信公众平台服务协议》"并点击"注册"按钮

（4）进入"邮箱激活"页面后，点击"登录邮箱"按钮，如图 5-4 所示。

▲ 图 5-4　点击"登录邮箱"按钮

（5）进入 QQ 邮箱后，点击邮件中的微信公众平台链接激活账户，如图 5-5 所示。

▲ 图 5-5　点击激活链接

（6）接着跳转至注册微信公众号时的"选择类型"页面。对于要开微信小店的商家来说，必须在该界面选择"服务号"，所以点击服务号对应的"选择并继续"按钮，如图 5-6 所示。

▲ 图 5-6　点击服务号对应的"选择并继续"按钮

（7）在弹出的"温馨提示"框中，点击"确定"按钮，如图 5-7 所示。

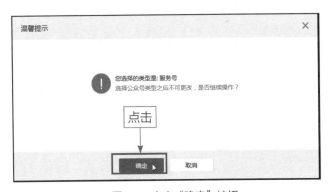

▲ 图 5-7　点击"确定"按钮

（8）进入"信息登记"页面，在该页面选择服务号的主体类型，如政府、媒体、企业和其他组织，微信店铺的商家通常选择"企业"主体类型，如图 5-8 所示。

（9）接下来，在出现的相应的"主体信息登记"和"运营者信息登记"页面，按照对应的类别进行信息登记。首先是"主体信息登记"，需要填写企业名称、营业执照注册号、营业执照扫描件。

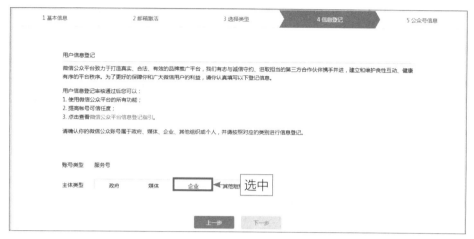

▲ 图 5-8　选中"企业"选项

（10）然后是"运营者信息登记"，包括运营者身份证姓名、运营者身份证号码、运营者身份验证方式、运营者手机号码、短信验证码。全部信息登记完毕后，点击"继续"按钮，如图 5-9 所示。

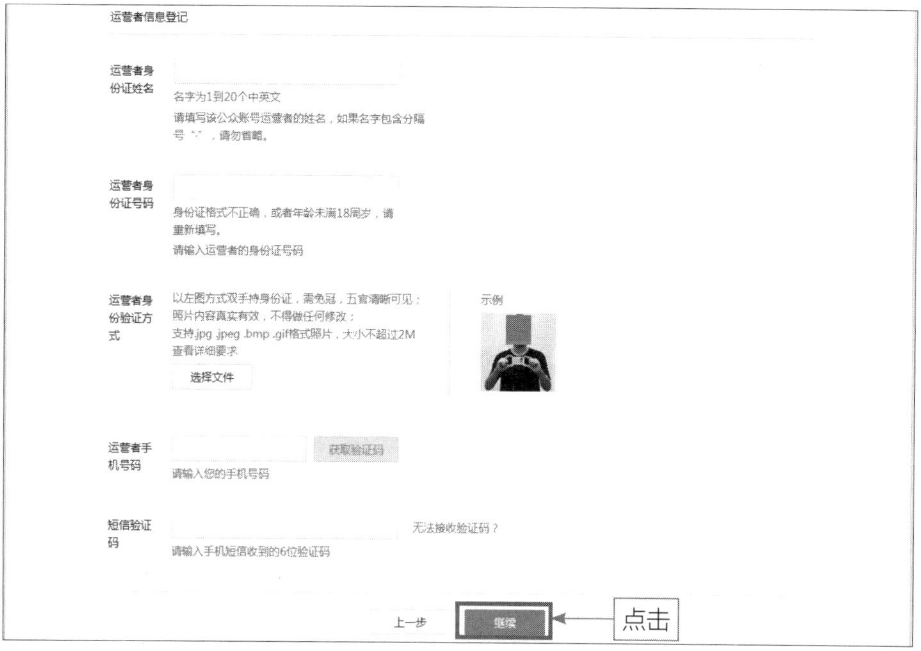

▲ 图 5-9　点击"继续"按钮

（11）此时，进入"公众号信息"页面，如图 5-10 所示，在该界面商家需要填写相应的信息。

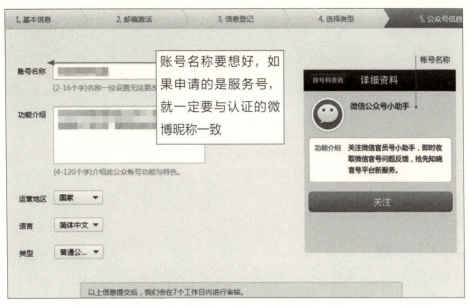

▲ 图 5-10　"公众号信息"页面

（12）信息填写完成之后，点击"完成"按钮。如果商家申请的是订阅号，则到此就结束了，但对于服务号来说，在填写平台信息之前还需要进行微博认证，因此接下来就会进入下一步微博认证。因此，建议商家先完成微博认证操作，再去申请微信公众号。

5.1.3　在公众平台上发布消息

在微信公众平台上，商家可以发送图文、文字、图片、语音、视频这几种类型的消息。在公众平台中发布消息，需要先到素材管理中添加素材（文字类除外），添加好素材选择群发消息，将内容发布给好友；在发布时可以选择发送对象，可以针对所有人及个别用户发布内容。这里将以发送文字型消息为例，介绍在公众平台上发布消息的操作，其流程如下。

（1）在电脑上登录微信公众号，进入自己公众平台的首页，然后点击"功能"分类栏下的"群发功能"按钮，如图 5-11 所示。

（2）进入"群发功能"页面后，选中"文字"选项，然后在其对应的输入框中输入文字内容，如图 5-12 所示。

（3）消息内容输入完成之后，点击"群发"按钮，并在弹出的"温馨提示"框中点击"确定"按钮，如图 5-13 所示。执行此操作后，商家需要用个人微信账号扫描出现的二维码，并点击界面中的"确定"按钮，即可将完成消息发送。

▲ 图 5-11 点击"群发功能"按钮

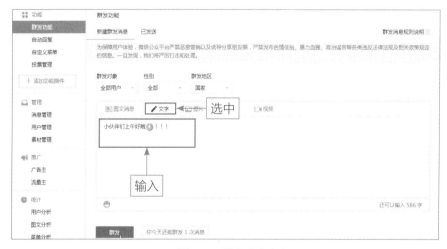

▲ 图 5-12 输入文字内容

▲ 图 5-13 点击"确定"按钮

5.1.4 利用微信公众账号互动功能

微信公众平台中有一些功能可以帮助商家提高与粉丝之间的互动性，"自动回复"功能就是其中的一个。在微信公众平台的"自动回复"功能中，又包括被添加自动回复、消息自动回复、关键词自动回复三项子功能，接下来，将为大家详细介绍这三项功能。

1. 被添加自动回复

商家可以借助"被添加自动回复"功能，给新关注自己公众号的粉丝设置欢迎信息。每当有新用户关注商家的公众号时，系统就会自动将商家设置在"被添加自动回复"功能中的欢迎消息发送给新粉丝。

2. 消息自动回复

商家可以在"消息自动回复"功能中输入一段文字，当粉丝给商家的公众号发送了一些公众号没有设置的关键词或者无效信息时，系统就会自己将"消息自动回复"中的消息发送给粉丝，用于提醒、帮助、引导粉丝使用正确的关键字进行查询。

3. 关键词自动回复

"关键词自动回复"是微信公众平台的内容中心，所有需要实现交互的内容都是在这里添加，商家可以设定关键字绑定之前做好的素材内容，平台粉丝只要向商家的公众号平台发送相应的关键字，就可以获得关键词对应的消息。一般，在粉丝向平台发送关键词之前，商家会告诉粉丝哪些词是关键词。

5.1.5 微信公众号的运营方法

既然申请了自己的公众号，那么就需要运营自己的公众号，不然申请账号就没有意义。商家要运营公众号就必须掌握一定的微信公众号运营方法。微信公众号运营方法可以分为两种，一个是内容运营，另一个是用户运营。接下来将介绍这两种公众号的运营方法。

1. 内容运营

公众平台的内容应尽量避免大量纯文字，图文并茂最佳，多图文内容叠加展现会更突出账号整体的充实度，提升粉丝对内容的黏性。

另外，商家从刚开始运营微信时，就一定要做好微信内容的定位，必须精耕细作，无价值的内容、纯粹的广告推送，只会引起用户的普遍反感。内容的形成，建立在满足用户需求基础之上，包括休闲娱乐需求、生活服务类的应用需求、解决用户问题的实用需求等等，微信公众号推送一定是以高质量的原创或者转载率高的内容为主。

以微信公众号"手机摄影构图大全"为例，它在自身定位以及瞄准客户等方面都有明确的目标，它将平台本身定位为以传递手机摄影、构图技巧的为主的公众号，将手机摄影爱好者作为平台用户的主要定位，在这双重定位下，每天为平台用户推送有内容、有价值的消息，因此很受手机摄影爱好者的欢迎。

2. 用户运营

相信很多商家的微信公众号早期时，平台的关注者大部分来自亲朋好友，或其他平台已有的粉丝。这些粉丝是商家公众平台最重要的、最忠实的粉丝，因此，在账号还不是很成熟的早期，应该尽可能地与他们交流，重视他们的想法和建议。只要坚持这么做，无需阅读和学习，慢慢地商家就会深刻地知道和理解"用户参与"的意义。

同时，商家还可以利用公众号自带功能增加账号与平台粉丝的互动性，提高用户关注黏性。商家可以利用平台的"自动回复"功能，发送各种类型的图文消息，在推送的图文消息中嵌入投票活动等方法与粉丝互动，实现平台用户运营的目的。

5.2 如何创建微信小店

商家拥有了服务号之后，就可以申请创建一个微信小店。接下来，将为大家介绍创建微信小店相关的内容。

5.2.1 了解微信认证流程

如今，开店成了很多创业者的首选。现在，微信上面也可以开店，如果要在微信上开店，就需要了解微信认证的流程。微信认证流程具体如下。

- 开通微信认证；
- 进行身份认证；
- 勾选同意《微信公众平台认证服务协议》；
- 选择认证类型及填写认证资料；
- 确认名称；
- 填写发票；
- 支付费用；
- 认证审核。

了解微信认证的流程，可以减少在认证微信公众号的过程中所犯的错误，帮助商家快速完成微信公众号认证。

5.2.2 微信认证操作流程

接下来，将为大家介绍微信公众号认证的实际操作，其具体流程如下。

（1）进入微信公众平台后台，在"设置"功能栏中，点击"微信认证"按钮进入微信认证页面，再点击该页面上的"开通"按钮，如图 5-14 所示。

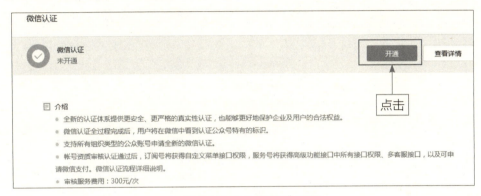

▲ 图 5-14　点击"开通"按钮

（2）执行此操作后，即会弹出"验证身份/选择验证方式"页面。在该页面有"通过信息登记手机号来验证"和"通过信息登记身份证号来验证"两个选项，选择其中一种方式进行验证即可。这里选择了第二种验证方式，然后点击页面下方的"下一步"按钮，如图 5-15 所示。

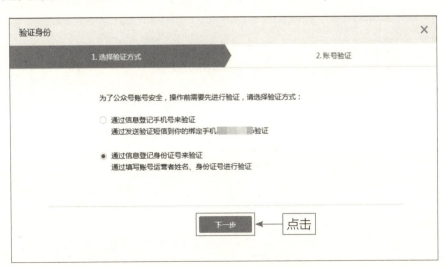

▲ 图 5-15　点击"下一步"按钮

（3）执行此操作后，即可进入"验证身份/账号验证"页面。在该页面上，需要填写"运营者身份证姓名"和"运营者身份证号码"这两项信息来验证身份，按照真实情况填写好之后，点击页面下方的"提交"按钮，如图 5-16 所示。

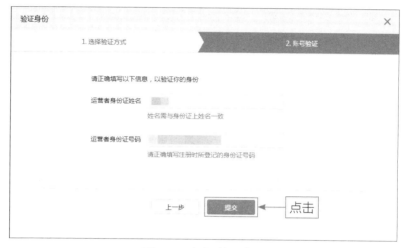

▲ 图 5-16　点击"提交"按钮

（4）接下来，进入"同意协议"页面，商家可以在该页面上查看《微信公众平台认证服务协议》的相关内容。阅读完协议之后，勾选页面最下方的"我同意并遵守上述的《微信公众平台认证服务协议》"，然后点击"下一步"，如图 5-17 所示。

▲ 图 5-17　点击"下一步"按钮

（5）接着，进入"填写资料"页面，如图 5-18 所示。

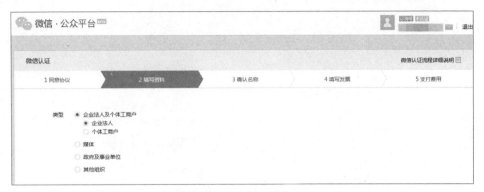

▲ 图 5-18 "填写资料"页面

（6）选择好类型之后，该页面下方即会出现与所选类型相对应的信息填写页面，包括"企业业务资料""运营者信息"以及"企业基本资料"3 大信息模块。

（7）填写完"企业基本资料"模块的信息之后，点击该模块下方的"下一步"按钮，即可进入"确认名称"页面。在该页面上，选择"命名方式"和填写"申请认证的公众号名称"后，点击页面下方的"下一步"按钮，如图 5-19 所示。

▲ 图 5-19 点击"下一步"按钮

（8）此时，会弹出一个如图 5-20 所示的提示框，点击该提示框上的"确定"按钮。

（9）进入"填写发票"页面，在该页面上有商家之前填写过的相关信息资料和发票类型，商家可以根据自己的意愿选择发票类型。这里选择的是"不开具发票"，选好发票类型之后点击"保存订单并下一步"按钮，如图 5-21 所示。

▲ 图5-20 点击"确定"按钮

微信认证			微信认证流程详细说明
1 同意协议	2 填写资料	3 确认名称	4 填写发票	5 支付费用

① 请认真核对以下认证信息，并填写发票

业务资料

企业全称

组织机构代码

工商执照注册号

法定代表人/企业负责人
姓名

经营范围（一般经营范围）　文化活动的组织与策划；广告设计；文化艺术咨询服务；摄影服务；影视经纪代理服务；企业管理咨询服务；企业形象策划服务；电脑喷绘、晒图服务；美术图案设计服务；教育咨询服务；市场营销策划服务；计算机技术开发、技术服务；计算机网络系统工程服务；网络技术的研发；电子商务平台的开发建设；科技信息咨询服务；自有房地产经营活动；劳动力外包服务；人力资源外包服务；软件开发；广告发布服务、制作服务；互联网信息服务、域名注册服务；软件的销售。

经营范围（前置许可经营范围）　无

传真　无

企业规模　无

企业开户名称

企业开户银行

企业对公银行账号

▲ 图5-21 点击"保存订单并下一步"按钮

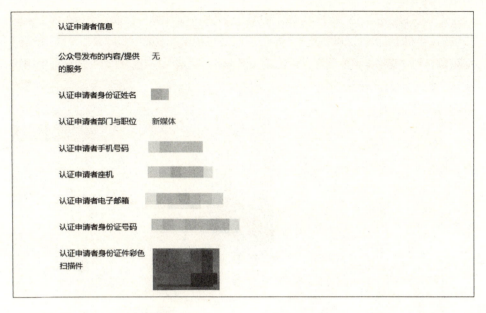

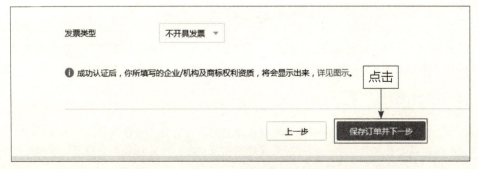

▲ 图 5-21　点击"保存订单并下一步"按钮（续）

（10）进入"支付费用"页面，如图5-22所示。用微信扫描"支付页面"中的二维码，手机上会出现"确认支付"界面，商家只要点击该页面上的"立即支付"按钮，即可跳转到"交易详情"界面，点击该页面上的"完成"按钮，即可完成认证费用的支付，如图5-23所示。

▲ 图5-22 "支付费用"页面

▲ 图5-23 点击"完成"按钮

（11）此时，电脑页面上会出现"支付成功，认证审核中"的字样，这就代表着商家已经完成了微信公众号认证的操作，接下来只要等待审核结果即可。

💡 专家提醒

　　需要注意的是，当商家成功支付认证费用后，就会有微信认证方的工作人员发短信或者打电话过来确认商家的身份等相关信息，商家认真配合即可。审核通过后，认证方也会通过短信等形式告知商家。

5.2.3 微信支付的申请流程

继微信公众平台被大范围应用于推广之后，各类微信商城以及微信小店也应运而生。商城以及小店都有一个共性，那就是无论商家是卖产品的还是卖服务的，始终无法避开支付这一重要环节，就算是 O2O 平台的领军者，都在其页面上开通有支付功能。微信认证通过之后，开始微信支付的申请流程，具体操作方法如下。

（1）登录自己的微信公众号，然后在公众号首页点击"微信支付和开通"按钮，如图 5-24 所示。

▲ 图 5-24　点击"微信支付"和"开通"按钮

（2）进入"填写经营信息"页面，在该页面填写完"联系信息"和"经营信息"后，点击"下一步"按钮，如图 5-25 所示。

填写经营信息	填写商户信息	填写结算账户	确认提交

联系信息

* 联系人姓名：
请填写贵司微信支付业务联系人

* 手机号码：
该号码将接收与微信支付管理相关的重要信息

* 短信验证码：　　　　　　　　　　　　收不到验证码？

* 常用邮箱：
将接收如商户平台登录账号密码等重要信息
温馨提醒：以上三项资料后续可通过商户平台修改。

▲ 图 5-25　点击"下一步"按钮

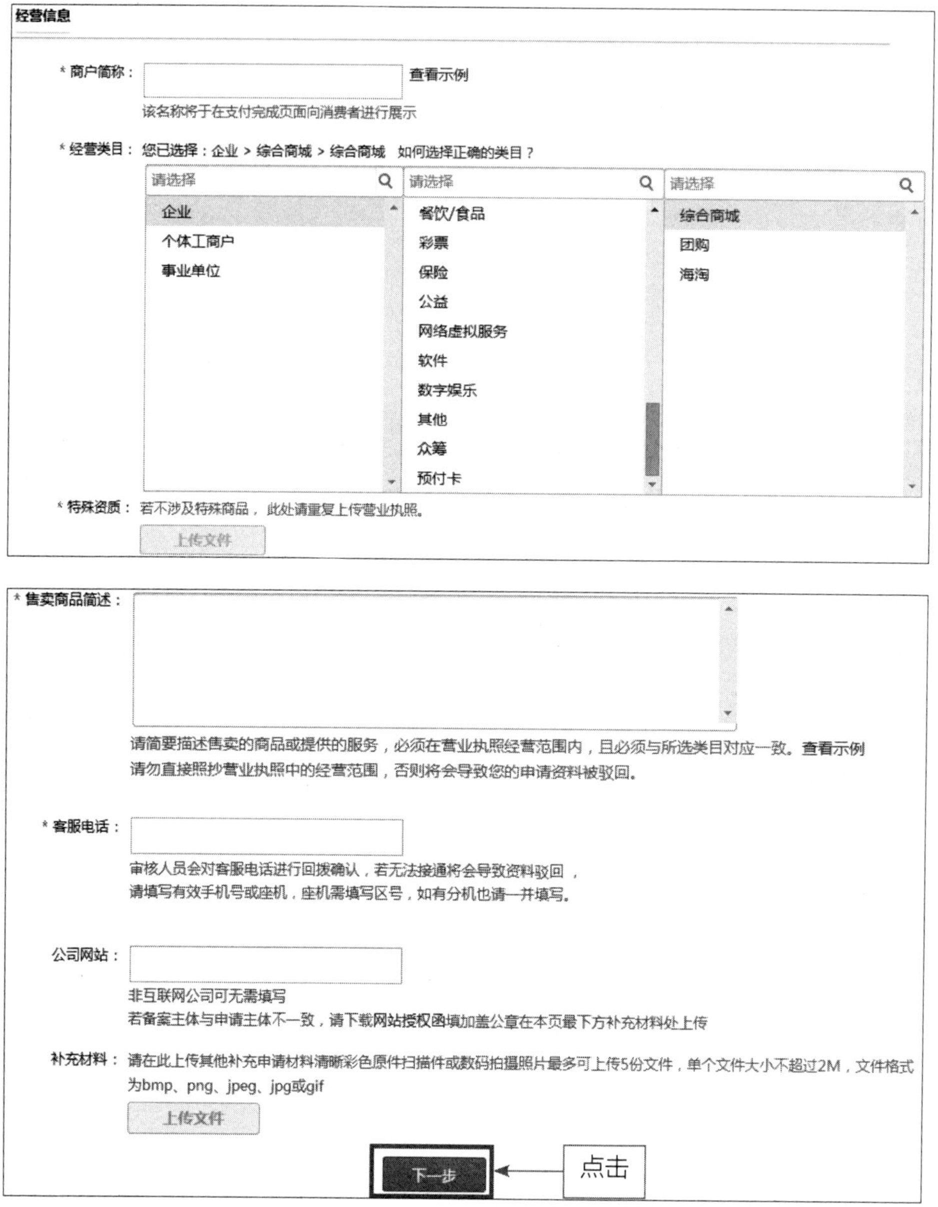

▲ 图5-25　点击"下一步"按钮（续）

（3）进入"填写商户信息"页面，在该页面如实填写相关信息后，点击"下一步"
按钮，如图5-26所示。

（4）进入"填写结算账户"页面，在该页面填写跟结算银行账户相关的信息后，
点击"下一步"按钮，如图5-27所示。

填写经营信息	填写商户信息	填写结算账户	确认提交

商户信息

基本信息　　此处资料自动拉取微信认证信息，主体不可修改。

商户名称：

注册地址：

营业执照　　此处资料自动拉取微信认证信息，若需要修改，请点击右侧【修改】按钮修改即可＞＞＞＞　　修改

营业执照注册号：

经营范围：

营业期限：

营业执照影印件：

组织机构代码信息　　此处资料自动拉取微信认证信息，若需要修改，请点击右侧【修改】按钮修改即可＞＞＞＞＞　　修改

组织机构代码：

有效期：

组织机构代码证扫描件：　　如果您的企业属于三证合一，此处请重复上传营业执照。

企业法人/经办人　　此处资料自动拉取微信认证信息，若需要修改，请点击右侧【修改】按钮修改即可＞＞＞＞＞　　修改

证件持有人类型：

证件持有人姓名：

证件类型：身份证

证件影印件正面：　　若是【个体工商户】此处请填写"营业执照"上法人信息。

证件影印件反面：

证件有效期：

证件号码：

下一步　　点击

▲ 图 5-26　点击"下一步"按钮

139

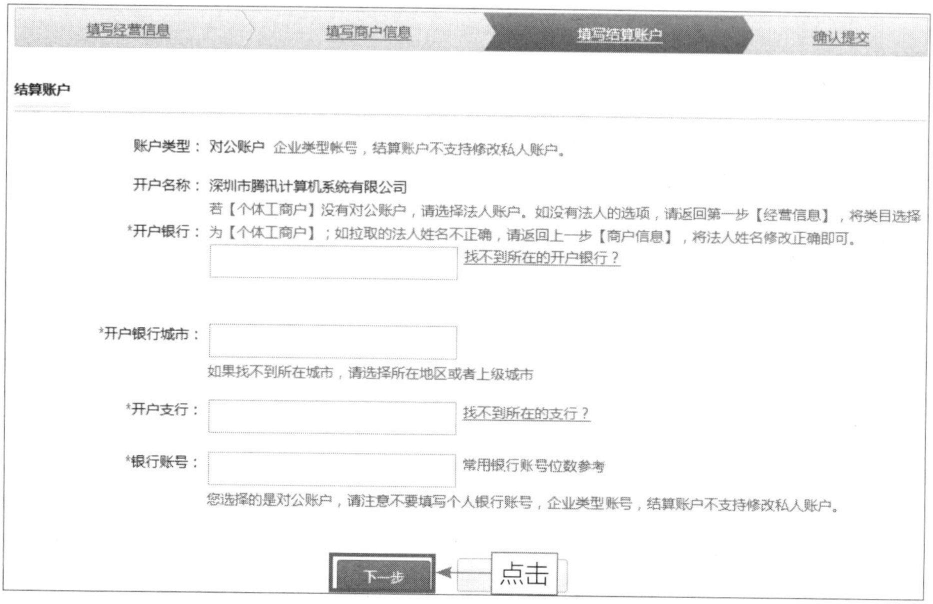

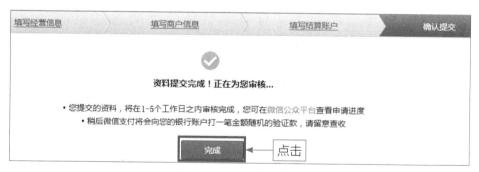

▲ 图 5-27　点击"下一步"按钮

（5）进入"确认支付"页面，在该页面点击"完成"按钮，如图 5-28 所示。

▲ 图 5-28　点击"完成"按钮

（6）至此，即可成功提交申请微信支付的资料。接下来需要等待资料审核结果，审核通过之后，登录微信公众平台，进入微信支付，按照系统提示进行账户验证。

（7）验证账号之后，接下来需要在线签署《微信支付服务协议》。协议签署成功之后即可进行资金结算，这就代表商家完成了微信支付申请。

5.2.4　微信小店的开通步骤

成功开通微信支付之后，接下来即可申请开通微信小店。开通微信小店的步骤如下。

首先，登录自己的微信公众号，然后点击"添加功能插件／微信小店"按钮进入相应的页面，并在该页面点击"开通"按钮，在接下来的页面中填写微信支付的商户号、商户密钥等，填写完成后就可以提交申请，这样就可完成申请微信小店。

5.2.5 微信小店的接口开发

微信小店的出现是微信有序开放的又一个标志，也是微信在电子商务领域的一种新模式的探索，此举必然为商家以及整个电子商务生态带来新的可能。

此外，微信小店的推出可以更好地规范微信公众平台的生态环境，建立统一标准的接入服务。商家可以通过微信小店接口来实现快速开店，目前支持的接口有以下 7 种，具体如图 5-29 所示。

> **1、商品管理接口：** 开发者可通过商品管理接口，来增加商品、删除商品、修改商品信息、查询已有商品，并可通过接口对商品进行上下架等操作管理。
>
> **2、库存管理接口：** 开发者可通过库存管理接口，来为已有商品增加和减少库存，包括进行与自身系统或其他平台的库存同步。
>
> **3、邮费模板管理接口：** 对于部分邮费计算复杂的商品，开发者可通过邮费模板管理接口，来生成、修改、删除和查询支持复杂邮费计算的邮费模板。
>
> **4、分组管理接口：** 对已有商品，开发者可通过分组管理接口，来对商品进行分组管理。接口包括增加、删除、修改和查询分组。
>
> **5、货架管理接口：** 微信商户除了可以在公众平台网站中自定义货架外，也可通过接口来增加、删除、修改和查询货架。货架也是通过控件来组成的。开发者甚至可以将自己的页面作为货架，通过 JS API 来调起商品详情页。
>
> **6、订单管理接口：** 开发者可按订单状态和时间来获取订单，并对订单进行发货。
>
> **7、功能接口：** 目前功能接口暂时只支持上传图片接口一项。微信商户开发接口中所有需要用到图片的地方，都需先使用上传图片接口来预先获得图片的 URL。

▲ 图 5-29 微信小店的主要接口

5.2.6 轻松玩转微信小店功能

微信小店的基本功能包括添加商品、商品管理、订单管理、货架管理、客户维权等。接下来将为大家介绍微信小店的这些功能。

1. 添加商品

微信小店的类目与微信支付类目需要统一，这样才能够保证商户之间的利益，避免造成混乱。

商家在添加商品的时候，需要认真填写商品名称、商品图片、运费、库存等基本信息。同时，商家还需要对商品进行分类，将同类的商品放到一个栏目下，这样不仅便于自己管理，还便于顾客寻找。

2．商品管理

管理商品主要有两部分：一部分是商品分组管理，商家可以设置不同的分组来管理商品，分组可用于将商品填充到货架中；另一部分是商品上下架，商家可以快速对商品进行上下架操作，以调节店铺中出售商品的状况。

3．货架管理

货架是用于承载商品的模板，每一个货架都是由不同的控件组成的。商家在给自己的微信小店添加商品之前需要先选择货架，选择完货架之后，就可以将分组管理里面的商品添加到货架中。货架上的所有信息，商家都可以自由、自主地进行编辑。

4．小店概况

在"小店概况"页面中，可以查看微信小店所有的数据信息，如订单数、成交量等。

5．订单管理

用户支付成功后会生成一笔订单，商家可以进入"订单管理"页面查询订单，并进行发货等操作。

5.3 将微店与微信平台对接

商家可以通过微店中的一些功能，将微店与微信连接起来，打造微店、微信双营销系统。接下来，将为大家介绍将微店与微信平台对接的相关内容。

5.3.1 在微店中绑定微信号

在微店中，可以通过绑定微信号，实现微店和微信的对接，从而帮助微店商家更加便捷地开展营销活动。接下来将为大家介绍在微店中绑定微信号的操作方法，其具体流程如下。

（1）在"微店"APP首页点击"微店"区域进入"微店管理"界面，然后在该界面点击店铺LOGO和名称区域，如图5-30所示。

（2）进入"微店信息"界面后，选中"微信号"选项，如图5-31所示。

▲ 图5-30 点击店铺LOGO和名称区域

（3）进入"微信号"界面，在该界面相应的输入框中输入自己的微信号后，点击右上角的"完成"按钮，如图5-32所示，这样商家就完成了在微店中绑定微信号的操作。

▲ 图 5-31　选中"微信号"选项

▲ 图 5-32　点击"完成"按钮

5.3.2　在微店中设置微信二维码

商家要将自己的微店与微信平台对接，除了在微店中绑定微信号这一方法之外，还可以采用在微店中设置微信二维码的方法。在微店中设置微信二维码，能够帮助商家获得更多的客户群，也能够帮助商家维护与客户之间的关系，让商家能够更好地为顾客服务。

> 专家提醒
>
> 　　如果微店商家在微店中设置了自己的微信二维码，为了后面的操作更方便，需要提前将自己的微信二维码保存在自己的手机中。

接下来，将为大家介绍在微店中设置微信二维码的操作方法，其具体流程如下。

（1）在"微店管理"界面点击店铺LOGO和名称区域，进入"微店信息"界面，然后在该界面选择"微信二维码"选项，如图5-33所示。

（2）进入"微信二维码"界面后，点击"选择二维码"按钮，如图5-34所示。

▲ 图 5-33　选中"微信二维码"选项

▲ 图 5-34　点击"选择二维码"按钮

（3）此时，进入商家的商铺及相册，商家需要在自己的手机相册中找到微信二维码照片并选中它，然后在出现的界面中点击"完成"按钮，如图 5-35 所示。

（4）返回到"微信二维码"界面后，点击右上角的"完成"按钮，如图 5-36 所示，即完成在微店中设置微信二维码的操作。

▲ 图 5-35　点击"完成"按钮

▲ 图 5-36　点击"完成"按钮，完成设置

5.3.3　生成店长名片

除了前述方法之外，微店商家还可以通过微店的"店长名片"功能，生成商家的专属名片，然后商家将自己的微店与微信平台甚至其他社交平台对接起来，以实现更广范围的宣传，推广自己的店铺。接下来，将为大家介绍在微店平台上生成店长名片的操作方法，其具体流程如下。

（1）在"微店管理"界面点击店铺 LOGO 和名称区域，进入"微店信息"界面，然后在该界面选择"店长名片"选项，如图 5-37 所示。

（2）进入"店长名片"界面，点击"保存名片"按钮，如图 5-38 所示，将名片保存起来，这样即完成了在微店中生成店长名片的操作。

▲ 图 5-37　选中"店长名片"选项　　　　▲ 图 5-38　点击"保存名片"按钮

5.3.4　设置微信收款

在"微店"平台上，如果有顾客购买了商家店铺的商品，商家有一种简单、快捷的收到货款的方法，那就是直接通过"微信收款"功能，向商家发起收款请求。接下来，将为大家介绍在微店平台通过"微信付款"功能，向商家发起收款请求的操作方法，其具体流程如下。

（1）在"微店"APP 首页点击"微店"区域进入"微店管理"界面，然后在该界面点击"微信收款"按钮，如图 5-39 所示。

（2）进入"微信收款"界面后，设置好要收的货款金额，勾选"需要买家填写收货地址"选项，然后点击"发起收款"按钮，如图 5-40 所示。

▲ 图 5-39　选中"微信收款"选项

▲ 图 5-40　点击"发起收款"按钮

（3）进入微信的"选择"界面后，点击选择需要付款给自己的对象选中他，如图 5-41 所示。

（4）在弹出的"发送给"提示框中，可以给买家留言，然后点击提示框中的"分享"按钮，如图 5-42 所示。执行此操作后，商家即完成微信收款的操作。

▲ 图 5-41　选中顾客

▲ 图 5-42　点击"分享"按钮

5.3.5 在微信中点亮微店

在"微店"APP中，有一个"在微信中点亮微店"的功能。只要商家开通这个功能，就可以在自己微信的资料里看见自己的店铺，这样只要有人添加商家的微信，就可以知道商家拥有微店。

在微信中点亮微店，在一定程度上能够宣传商家的店铺，帮助商家的店铺获得更多的流量。接下来，将为大家介绍在微信中点亮微店的具体操作，其具体流程如下。

（1）打开"微店"APP，点击APP首页上方的店铺名称区域，进入"微店管理"界面，然后在该界面点击"在微信中点亮微店"区域，如图5-43所示。

（2）进入"在微信中点亮微店"界面后，点击该页面中的"立即开通"按钮，如图5-44所示，然后根据系统提示进行操作，即可在微信中点亮微店。

（3）此时，进入"微信登录"界面，在该界面点击"确认登录"按钮，如图5-45所示。

▲ 图5-43 点击"在微信中点亮微点"区域

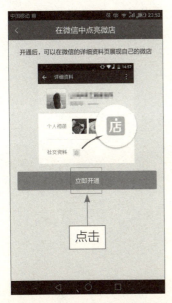

▲ 图5-44 点击"立即开通"按钮

▲ 图5-45 点击"确认登录"按钮

（4）接着，进入"绑定授权"界面，在该界面点击"绑定"按钮，如图 5-46 所示。

（5）进入"在微信中点亮微店"界面，到此，商家就完成了在微信中点亮微店的操作，如图 5-47 所示。

▲ 图 5-46　点击"绑定"按钮

▲ 图 5-47　成功在微信中点亮微店

第6章

微店引流，营销推广不愁

学前提示

对于微店店铺来说，流量是必不可少的，有流量才会有成交的可能性，商家要获得流量就必须掌握一些店铺引流、推广的技巧。本章将介绍一些实用、可行的微店引流、推广技巧，让微店商家营销推广不用愁。

要点展示

>>> 微店营销技巧
>>> 微店推广技巧
>>> 店铺分享技巧
>>> 商品分享技巧
>>> 内容引流技巧

6.1　微店营销技巧

微店商家要经营好自己的店铺，就需要掌握一定的微店营销技巧。只有掌握了营销技巧，才能使得店铺运营变得更加轻松与简单。接下来将为大家介绍一些实用的微店营销技巧，帮助商家成为微店营销高手。

6.1.1　微团购：引爆社交圈

"微店"APP平台为了帮助商家更好地进行营销，为广大商家提供了"微店拼团"功能，这一功能能够帮助商家获得更多的新用户以及新订单。既然"微店拼团"对商家有那么大的帮助，那么商家要如何运用呢？

如果微店商家要使用"微店拼团"功能，首先需要购买该功能。接下来将为大家介绍购买"微店拼团"的方法，其具体购买流程如下。

（1）在"微店"APP的首页找到"推广"功能，并且点击该功能进入"推广"界面，在该界面中选中"微店拼团引爆社交圈"选项，如图6-1所示。

（2）进入"微店拼团"界面后，点击"立即使用"按钮，如图6-2所示。

▲ 图6-1　选中"微店拼团"选项

▲ 图6-2　点击"立即使用"按钮

（3）进入相应的界面后，点击"设置拼团"按钮，如图6-3所示。

（4）在出现的相应的购买界面中，可以看见三种套餐，选择自己想要购买的套餐后，点击"立即使用"按钮，如图6-4所示。之后，商家即可根据提示购买。

▲ 图 6-3 点击"设置拼团"按钮

▲ 图 6-4 点击"立即使用"按钮

6.1.2 满减：提升店铺流量

在"微店"APP 的推广功能中，还有一项满减功能，商家可以给自己的店铺添加这一功能，为自己的店铺进行推广，以帮助自己的店铺获得更多的收益。那么，如何在微店上设置满减活动呢？

接下来，将为大家介绍在"微店"APP 中为自己的店铺设置满减的实际操作，帮助大家掌握设置满减推广的流程，其具体流程如下。

（1）在"微店"APP 的首页找到"推广"功能，并且点击该功能进入"推广"界面，在该界面选中"满减"选项，如图 6-5 所示。

（2）进入"满减优惠 – 微店"界面，点击"创建"按钮，如图 6-6 所示。

（3）进入"设置满减"界面，在该界面需要设置活动名称、开始时间、结束时间、消费满多少减多少的金额等内容。这里以设置一个名为"欢庆元旦"的活动，并将该活动的时间设置为 1 天为例，设置好活动名称、时间、消费金额之后，点击"完成"如图 6-7 所示。

（4）返回到"满减优惠 – 微店"界面，同时商家即成功设置一个满减活动，如图 6-8 所示。

▲ 图 6-5　选中"满减"选项

▲ 图 6-6　点击"创建"按钮

▲ 图 6-7　点击"完成"按钮

▲ 图 6-8　成功设置满减活动

💡 专家提醒

　　需要注意的是，在"微店"APP中，商家一共可以设置5个等级的满减金额，超过5个将不能再设置；每一级之间的满减金额是呈递增式的，也就是第一个设置的等级满减的优惠力度是最小的，最后设置的一个满减金额的优惠力度是最大的。

6.1.3 优惠券：让买家买的更多

经常逛淘宝的人都见到过一件事，那就是店铺卖家会在自己的店铺中设置各种优惠券，顾客只要领取店铺的优惠券，那么在该店铺消费时，就可以抵现金。通常商家会设置一个最低消费金额，要求消费者必须消费满多少才可以使用该优惠券，一般来说，优惠券金额越大，要求的消费金额就会越高。

在"微店"平台上，商家也可以借助"推广"功能中的"店铺优惠券"功能设置优惠券，吸引消费者购买自家店铺的商品。

接下来，将为大家介绍在"微店"平台上设置店铺优惠券的操作方法，其具体流程如下。

（1）在"微店"APP的首页找到"推广"功能，并且点击该功能进入"推广"界面，在该界面选中"店铺优惠券"选项，如图6-9所示。

（2）进入"优惠券"界面后，点击"添加优惠券"按钮，如图6-10所示。

▲ 图6-9 选中"店铺优惠券"选项　　　▲ 图6-10 点击"添加优惠券"按钮

（3）进入"添加优惠券"界面后，设置优惠券相关的信息后点击"添加完成"按钮，如图6-11所示。

（4）在弹出的相应的提示框中，点击"确定"按钮，如图6-12所示。

▲ 图6-11　点击"添加完成"按钮　　　　▲ 图6-12　点击"确定"按钮

6.1.4　限时折扣：达到吸引顾客的目的

为了让自己的店铺在一段时间内销量增加，商家可以使用限时折扣的方法来进行促销。因为限时折扣只会在一段时间内降低商品的价格，折扣时间到了之后，顾客就不能够再享受低价，所以它能促使顾客在短时间内决定是否购买商品。

因此，对于那些有意愿购买商品的顾客来说，限时折扣就给了他们一个立刻下单的借口，商家也就能够在短时间内收获更多的订单。

接下来，将为大家介绍在"微店"上设置限时折扣的操作方法，其具体流程如下。

（1）在"微店"APP的首页找到"推广"功能，并且点击该功能进入"推广"界面，在该界面选中"限时折扣"选项，如图6-13所示。

（2）进入"限时折扣"界面后，点击"添加限时折扣"按钮，如图6-14所示。

（3）进入"添加限时折扣"界面，在该界面设置限时折扣活动相关的信息后，点击"确定"按钮，如图6-15所示。

（4）返回到"限时折扣"界面后，即可以看见设置成功的限时折扣活动，如图6-16所示。

▲ 图 6-13 选中"限时折扣"选项

▲ 图 6-14 点击"添加限时折扣"按钮

▲ 图 6-15 点击"确定"按钮

▲ 图 6-16 成功设置限时折扣活动

6.1.5 私密优惠：形成足够的吸引力

在"微店"平台上，有一项特别的推广、营销功能，它只针对一些特别的顾客，该功能就是"私密优惠"功能，商家可以通过该功能给指定的顾客发送活动链接，给顾客带去的优惠。"私密优惠"能让顾客感到意外的惊喜，因此能让顾客更加愿意购买商家的商品。接下来，将为大家介绍设置"私密优惠"活动的操作方法，其具体流程如下。

（1）在"微店"APP的首页找到"推广"功能，并且点击该功能进入"推广"界面，在该界面选中"私密优惠"选项，如图6-17所示。

（2）进入"私密优惠"界面后，点击"＋"按钮，如图6-18所示。

▲ 图6-17　选中"私密优惠"选项

▲ 图6-18　点击"＋"按钮按钮

（3）进入"添加私密优惠"界面，在该界面设置私密优惠活动相关的信息后，点击右上角的"完成"按钮，如图6-19所示。

（4）进入"把商家发给买家"界面，如图6-20所示。

▲ 图6-19　点击"完成"按钮

▲ 图6-20　"把优惠发给买家"界面

在"把优惠发给买家"界面，可以看见朋友圈、微信好友、QQ空间、QQ好友等方式，微店商家可以通过这些方式将私密优惠活动信息发送给自己想要发送的买家。这里以"微信好友"方式为例，介绍如何将私密优惠发送给某一个买家，其具体操作如下。

（1）在"把优惠发给买家"界面选中"微信好友"选项，如图6-21所示。

（2）进入微信的"选择"界面，选中要发送私密优惠活动信息的买家，如图6-22所示。

（3）在弹出的"发送给"提示框中，点击"分享"按钮，如图6-23所示。执行此操作之后，商家即将私密优惠活动信息发送给特定的买家。

▲ 图6-21　选中"微信好友"选项

▲ 图6-22　选中买家

▲ 图6-23　点击"分享"按钮

6.1.6　满包邮：快速从众多卖家中脱颖而出

包邮，是很多微店商家喜欢采用的一种营销方式。商家给顾客提供包邮服务，会让买家有一种赚到的感觉。相信很多顾客，如果在两个店铺看中了同一件商品，两个店铺给出的价格是一样的，但是一个包邮，一个不包邮时，会有不少人决定在包邮的店铺购买。

虽然包邮能够给商家带来竞争力，但是也可能会使商家有运费成本增加、利润下降的困扰。要解决这一困扰，可以采用"满包邮"的方式，这样既能提高商家的竞争力，又能因为买家购买数量的增加而使利润增加。

接下来，将为大家介绍在微店中设置"满包邮"的操作方法，其具体流程如下。

（1）在"微店"APP的首页找到"推广"功能，并点击该功能进入"推广"界面，在该界面选中"满包邮"选项，如图6-24所示。

（2）进入"满包邮"界面后，点击"创建"按钮，如图6-25所示。

▲ 图6-24 选中"满包邮"选项

（3）在进入的相应界面中，输入"满包邮"的消费金额，如果商家对于偏远地区不包邮的话，还可以选中"偏远地域不包邮"选项，设置好之后点击"确定"按钮，如图6-26所示。执行此操作后，商家即可完成"满包邮"的设置。

▲ 图6-25 点击"创建"按钮

▲ 图6-26 点击"确定"按钮

6.1.7 微客多：微店引流的必备工具

在微店的"推广"功能中，有一项叫"微客多"的功能，该功能能够帮助微店商家从多渠道推广自己的店铺，帮助商家获得更多的流量和客源。

"微店"平台会给开通了微客多功能的商家在微店、微信渠道进行商品推广。在微店渠道推广时，商家的商品会展示在口袋站内 APP 中；而在微信渠道推广时，商品则会展示在微信公众号文章底部的广告位。如果有人通过"微客多"提供的推广渠道点击了商家的商品，那么"微客多"功能就会按照商品的点击量进行收费，因此如果商家要使用"微客多"功能，就必须先充值。

"微客多"功能中，为广大商家提供了"商品推广""活动报名""加粉推广"等推广方式，接下来将以"商品推广"为例，为大家介绍商家借助其推广的操作方法，其具体流程如下。

（1）在"微店"APP 的首页找到"推广"功能，并点击该功能进入"推广"界面，在该界面选中"微客多引流必备"选项，如图 6-27 所示。

（2）进入"微客多"界面后，点击"商品推广"选项，如图 6-28 所示。

（3）在进入的相应的界面中点击"新建商品推广"按钮，如图 6-29 所示。

▲ 图 6-27 选中"微客多"选项

▲ 图 6-28 选中"商品推广"选项

▲ 图 6-29 点击"新建商品推广"按钮

（4）进入"新建商品推广"界面，设置推广计划名称、每日推广金额等相关信息后，点击"下一步"按钮，如图 6-30 所示。

（5）进入"商品列表"界面，选中要推广的商品，如图 6-31 所示。

▲ 图 6-30　点击"下一步"按钮

▲ 图 6-31　选中推广商品

（6）在接下来的"添加推广商品"界面，设置投放素材、点击单价、用户性别、用户年龄等相关信息后，点击"完成"按钮，如图 6-32 所示。

（7）进入"添加成功"界面，到此商家就完成了商品推广计划的设置，如图 6-33 所示。

▲ 图 6-32　点击"完成"按钮

▲ 图 6-33　成功设置商品推广计划

6.1.8 公众号推广：微店推广新大招

在"微店"平台上，有一个"公众号推广"功能，这个功能能够帮助微店商家进行店铺、商品推广，商家可以借助公众号拥有的粉丝进行宣传，挖掘更多的客源。在借助"公众号推广"功能进行推广之前，商家要准备好相关的店长笔记，因为在设置"公众号推广"的过程中需要选择店长笔记。

接下来，将为大家介绍商家借助"公众号推广"功能进行推广的操作方法，其具体流程如下。

（1）在"微店"APP的首页找到"推广"功能，并点击该功能进入"推广"界面，在该界面选中"公众号推广拉新客"选项，如图6-34所示。

（2）此时进入"我要上公众号"界面，点击"新建推广，帮你上公众号"按钮，如图6-35所示。

（3）进入"选择微信公众号"界面后，挑选一个自己认为最适合的公众号并且选中它，如图6-36所示。

▲ 图6-34　选中"公众号推广拉新客"选项

▲ 图6-35　点击"新建推广，帮你上公众号"按钮

▲ 图6-36　选中公众号

（4）进入"微信公众号信息"界面，选择好文章推广位置、投放日期后，点击"下一步"按钮，如图6-37所示。

（5）进入"确认订单"界面，点击"立即支付"按钮，如图 6-38 所示。执行此操作后，商家即可完成公众号推广的设置。

▲ 图 6-37 点击"下一步"按钮

▲ 图 6-38 点击"立即支付"按钮

6.1.9 QQ 加粉：加入 QQ 购物号

在"微店"平台上，商家除了可以将自己的微店与微信平台对接之外，还可以通过"微店"平台提供的"加入 QQ 购物号"功能，将自己的微店与腾讯 QQ 平台对接。商家可以借助 QQ 平台的庞大用户群，挖掘自己的潜在客户，为自己带来更多的资源。

商家如果要加入 QQ 购物号，就必须要满足一个月内店铺成交订单数不少于 20 个、店铺内的商品在架数量不少于 5 件这两个条件。加入 QQ 购物号的申请流程如图 6-39 所示。

▲ 图 6-39 申请加入 QQ 公众号的流程

6.2 微店推广技巧

除了上述的微店营销技巧之外，广大微店商家还需要掌握一定的推广技巧，这样才可以将营销与推广相结合，将自己的店铺经营得更好。接下来，将为大家介绍"微店"平台上的一些实用推广技巧。

6.2.1 分成推广

微店分成推广是别人通过分享你的店铺到朋友圈促成购买获得佣金的方法，分成推广只对微信有效，只有从微信进入你的店铺才能看到你设置的分成推广。其具体操作流程如下。

（1）打开"微店"APP，进入"推广"界面，点击"分成推广"按钮，如图 6-40所示。

（2）进入"分成推广"界面后，点击该界面中的"同意"按钮，如图 6-41所示。

▲ 图 6-40 点击"分成推广"按钮

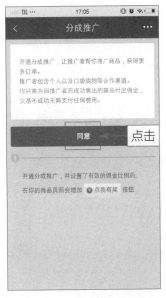

▲ 图 6-41 点击"同意"按钮

（3）进入"设定佣金比例"界面，点击"选择佣金比例"按钮，如图 6-42所示。

（4）在弹出"设定佣金比例"界面，设定佣金比例。这里以 5% 为例，设定好佣金比例后点击"确定"按钮，如图 6-43所示。

▲ 图6-42 点击"选择佣金比例"按钮

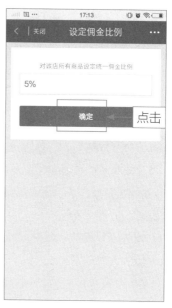

▲ 图6-43 点击"确定"按钮

（5）接着，在弹出的相应的提示框中点击"是"按钮，如图6-44所示。

（6）系统自动返回到"分成推广"界面，在该界面商家可以看见自己设置的佣金比例，如图6-45所示。到此，商家便完成了"分成推广"相关的设置。

▲ 图6-44 点击"是"按钮

▲ 图6-45 查看设置的佣金比例

6.2.2　分享赚钱

　　"微店"平台上的"推广"功能中有一个专门的"分享赚钱"功能，商家可以借助这个功能进行店铺推广和分享赚钱。微店商家在经营自己产品的同时，还可以分销其他商家的商品，这样就可以借助分享其他商品的同时带动自己店铺的流量，从而实现店铺推广、获得收益的目的。微店商家在采用这种方法推广自己店铺的时候，要对分销的商品进行筛选，尽量选择那些销量高、受市场欢迎的商品。

　　图 6-46 所示为"分享赚钱"功能下部分商品的信息。

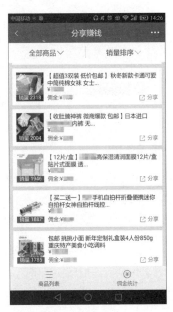

▲ 图 6-46　"分享赚钱"功能中的部分商品信息

6.2.3　活动报名

　　微店商家要推广自己的店铺，除了上面说的两种方法，还可以通过参加活动来实现这一目的。"微店"平台为了帮助广大商家更好地经营自己的店铺，会时不时地推出一些活动，当商家遇到这种活动时，只要自身符合参与活动的要求，就可以积极参加进去。参加"微店"举办的活动对商家来说是十分有利的，因为是"微店"平台开展的活动，辐射的范围会比较广，这对商家来说就能够拥有更广泛的客源，因此收获的推广效果也会比较可观。

　　"微店"平台上的"推广"功能中有一个专门的"活动"功能，商家可以借助这个功能参加各种活动。图 6-47 所示为"活动报名"功能下部分活动报名的信息。

▲ 图 6-47　　"活动报名"功能中的部分活动报名的信息

6.2.4　展会招商

"微店"平台上，有一个"展会招商"推广功能，它主要是为微店展会进行招商的。微店展会是微店官方推出的一个线下活动品牌，它能够通过线上、线下相结合的方式，获得更多的精准客户人群、流量，帮助广大商家提供宣传、推广的平台。

商家可以参与微店展会的合作招商，报名通过之后，微店商家将获得免费报名微店活动的名额，从而可以解决店铺流量的问题；同时还能够扩大商家在所处行业内的影响力。

6.2.5　供货招商

商家还可以通过成为微店供应商的方法，让微店平台上其他的商家分销自己的产品，借助其他分销商的力量推广自己的店铺。

对于分销商来说，如果他们想要卖出东西，就会尽自己最大的力量，将商品信息分享到各种平台以及自己身边的交际圈。每一个分销商都有自己的交际圈，他们代理并分享了微店商家的商品，这些交际圈就间接地也成为了商家的交际圈。成为供货商的微店商家，拥有越多的分销商，其拥有的交际圈就会越多，那么微店商家的店铺、商品就会被更多的人知晓。

6.2.6　友情店铺

在淘宝店铺中，有一个友情链接功能，淘宝商家可以借助该功能进行店铺的推广。

虽然"微店"APP中没有友情链接，但是"微店"APP的"推广"功能中提供了一个"友情店铺"的功能。这个友情店铺跟淘宝的友情链接有着一样的作用，商家可以借助友情店铺实现两个或多个微店之间互换店铺链接，进行互相推广，从而获得更多的流量。接下来，将为大家介绍添加和管理友情店铺的操作方法，其具体流程如下。

（1）在"微店"APP的首页找到并点击"推广"按钮，如图6-48所示。

（2）进入"推广"界面后，点击"友情店铺"按钮，如图6-49所示。

（3）进入"友情店铺"界面后，点击推荐的店铺右侧的"➕"按钮，即可添加友情店铺，如图6-50所示。

▲ 图 6-48　点击"推广"按钮

▲ 图 6-49　点击"友情店铺"按钮

▲ 图 6-50　点击"➕"按钮

6.3　店铺分享技巧

要想让自己的店铺被更多的人所知晓，就需要掌握一定的店铺分享技巧。接下来，将为大家介绍一些实用的分享店铺的技巧，以帮助广大商家获得更多顾客资源。

6.3.1　微店二维码

关于商家使用微店二维码分享店铺，有两种方法，一种是分享已经制作好的二维码，另一种是在"微店"平台上，即时生成店铺二维码即刻分享。接下来，将为大家详细介绍这两种借助微店二维码分享自己的店铺的方法。

1. 分享已制作好的二维码

前面的章节中介绍过通过"二维码海报"制作二维码海报的方法，并且以制作"店铺推广"类型的二维码为例，进行了详细的讲解。制作好的这些二维码，这个时候就能够派上用场了，微店商家可以将这些制作好的二维码，通过在贴吧、网站以及其他社交平台留言、评论的形式，将自己店铺的二维码分享给其他人。

2. 分享即刻生成的二维码

商家除了可以分享通过"二维码海报"制作的店铺二维码之外，还可以借助"微店管理"界面中的"二维码"功能，即刻生成店铺二维码，并将这个二维码分享到其他平台上。接下来，将为大家介绍分享即刻生成的二维码的操作方法，其流程如下。

（1）打开"微店"APP，在"微店"首页点击" 微店 >"区域进入"微店管理界面"，在该界面点击"二维码"按钮，如图6-51所示。

（2）此时，即刻生成店铺二维码，商家可以直接将二维码分享到朋友圈、微信等平台，如图6-52所示。

▲ 图6-51　点击"二维码"按钮

▲ 图6-52　分享生成的店铺二维码

6.3.2　复制链接

商家要分享自己的店铺给他人，除了可以采用分享店铺二维码的方式之外，还可以采用复制链接的方法将店铺分享给他人。当商家将自己店铺的链接发送给他人之后，收到链接的人就可以通过链接，进入商家的店铺。在"微店"平台上有一个复制链接的功能，该功能可以帮助商家以"复制店铺名称+链接""仅复制店铺链接""仅复制店铺名称"三种形式分享店铺。接下来，将以"复制店铺名称+链接"形式为例，介绍复制链接的操作方法，其具体流程如下。

（1）打开"微店"APP并在"微店"首页点击"微店"区域进入"微店管理界面"，然后点击"复制链接"按钮，如图6-53所示。

（2）出现相应的选择项后，选中"复制店铺名称+链接"选项，如图6-54所示。这样，商家就复制了自己店铺的名称和店铺链接，接下来商家就可将复制的链接发送给自己想分享的人。

▲ 图6-53　点击"复制链接"按钮

▲ 图6-54　选中"复制店铺名称+链接"选项

6.3.3　朋友圈分享

微信拥有大量的用户，这些用户对微店商家来说就是潜在的客户群。也就是说，商家微信中的好友，都可以是自己的客户。

随着微信的发展，人们会发现自己朋友圈中卖东西的人越来越多，朋友圈俨然发展成了一个商品售卖圈。对于微店商家来说，朋友圈对自己的店铺经营有着重要的作用，它既是培养老客户的重要基地，也是开发新客户的重要窗口。微店商家可以将自己的店铺商品分享到朋友圈，通过朋友挖掘客户。

接下来，将为大家介绍将商品分享到微信朋友圈的操作方法，其具体流程如下。

（1）打开"微店"APP，在"微店"首页界面点击"商品"按钮进入"出售中"界面，在该界面选择要分享的商品，然后点击该商品下的" "按钮，如图6-55所示。

（2）在弹出的"通过社交软件分享"界面中，选中"朋友圈"选项，如图6-56所示。之后，商家便可以根据系统提示进操作，将店铺商品分享到自己的朋友圈。

▲ 图6-55　点击" "按钮

▲ 图6-56　选中"朋友圈"选项

6.3.4　微信好友分享

微信的即时性和互动性强，同时它的可见度、影响力以及无边界传播等特质，也特别适合病毒式营销策略的应用。利用微信平台的群发功能可以有效地将微店拍的视频、制作的图片或是宣传的文字群发到微信好友。微店更是可以利用二维码的形式发送优惠信息，这是一个既经济又实惠，也更有效的促销好模式。用户主动为微店做宣传，激发口碑效应，将产品和服务信息传播到互联网和生活中的每个角落。

接下来，将为大家介绍将商品分享到微信好友的操作方法，其具体流程如下。

（1）打开"微店"APP，在"微店"首页界面点击"商品"按钮进入"出售中"界面，在该界面选择要分享的商品后，点击该商品下的" "按钮，如图6-57所示。

（2）在弹出的"通过社交软件分享"界面，选中"微信好友"选项，如图 6-58 所示。之后，商家便可以根据系统提示进操作，将店铺商品分享给自己的 微信好友。

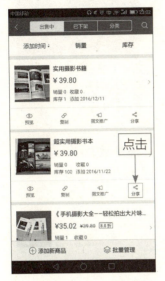

▲ 图 6-57　点击 " $\frac{<}{分享}$ " 按钮

▲ 图 6-58　选中"微信好友"选项

6.3.5　QQ 空间分享

QQ 空间（Qzone）是腾讯公司开发出来的一个个性空间，具有博客（blog）的 功能，自问世以来受到众多人的喜爱。在 QQ 空间上可以书写日志、上传用户个人的 图片、听音乐、写心情、为好友点赞、签到等，通过多种方式展现自己。

相比微信的熟人封闭圈，QQ 空间明显开放许多。QQ 空间拥有非常多的活跃用 户，它是国内使用频率最高的社交网站之一。可想而知，只要在 QQ 空间挂上商家的 广告或商品信息，其传播度必定会非常高。

接下来，将为大家介绍将商品分享到 QQ 空间的操作方法，其具体流程如下。

（1）打开"微店"APP，在"微店"首页界面点击"商品"按钮进入"出售 中"界面，在该界面选择要分享的商品后，点击该商品下的" $\frac{<}{分享}$ "按钮，如图 6-59 所示。

（2）在弹出的"通过社交软件分享"界面中，选中"QQ 空间"选项，如图 6-60 所示。之后，商家便可以根据系统提示进操作，将店铺商品分享到自己的 QQ 空间。

▲ 图 6-59 点击 " 分享 " 按钮

▲ 图 6-60 选中 "QQ 空间" 选项

6.3.6 QQ 好友分享

腾讯 QQ 对于中国的网民来说是无人不知、无人不晓，QQ 拥有庞大的用户群体，通过 QQ 进行微店推广，成为每个微店卖家不可错失的渠道。接下来，将为大家介绍将商品分享到 QQ 好友的操作方法，其具体操作流程如下。

（1）在"微店"首页界面点击"商品"按钮进入"出售中"界面，在该界面选择要分享的商品后，点击该商品下的" 分享 "按钮，如图 6-61 所示。

（2）在弹出的"通过社交软件分享"界面选中"QQ 好友"选项，如图 6-62 所示。之后，商家便可以根据系统提示进行操作，将店铺商品分享给自己的 QQ 好友。

▲ 图 6-61 点击 " 分享 " 按钮

▲ 图 6-62 选中 "QQ 好友" 选项

6.3.7 新浪微博分享

新浪微博是一个由新浪网推出的，提供微型博客服务类的补交网站。用户可以通过网页、WAP 页面、手机短信、彩信发布消息或上传图片，可以把新浪微博理解为"微型博客"或者"一句话博客"。用户可以将微店商品广告写成一句话或者发一张图片，通过电脑或手机随时随地分享给朋友，一起分享与讨论。通过新浪微博还可以关注朋友，即时看到朋友们发布的信息。

接下来，将为大家介绍将商品分享到新浪微博的操作方法，其具体流程如下。

（1）在"微店"首页界面点击"商品"按钮进入"出售中"界面，在该界面选择要分享的商品后，点击该商品下的""按钮，如图 6-63 所示。

（2）在弹出的"通过社交软件分享"界面中，选中"新浪微博"选项，如图 6-64 所示。之后，商家便可以根据系统提示进行操作，将店铺商品分享到自己的新浪微博。

▲ 图 6-63　点击""按钮　　　　▲ 图 6-64　选中"新浪微博"选项

6.3.8 其他分享

除了可以将自己的微店店铺、商品分享到以上主流的社交平台上之外，商家还可以将自己的微店店铺、商品分享到一些其他的平台上，如信息、支付宝、蓝牙等。接下来，将以分享到信息为例，为大家介绍其操作方法，具体流程如下。

（1）在"微店"首页界面点击"商品"按钮进入"出售中"界面，在该界面选择要分享的商品后，点击该商品下的""按钮，如图 6-65 所示。

（2）在弹出的"通过社交软件分享"界面中，选中"其他"选项，如图 6-66 所示。

▲ 图 6-65 点击 "　" 按钮

▲ 图 6-66 选中 "其他" 选项

（3）在弹出的 "分享" 框中，选中 "信息" 选项，如图 6-67 所示。

（4）进入 "新建信息" 界面，如图 6-68 所示，在该界面商家选中自己要分享店铺商品的收件人，然后将信息发送给对方即可。

▲ 图 6-67 选中 "信息" 选项

▲ 图 6-68 "新建信息" 界面

6.4 商品分享技巧：图文推广

在掌握了上述几种店铺分享的技巧之后，还需要掌握一种特别的商品分享技巧——"图文推广"。在 "图文推广" 技巧中又包括两种不同形式的推广方法，分别是多图分享、二维码分享。接下来，将详细介绍这两种分享技巧。

6.4.1　多图分享

多图分享，是指微店商家可以将自己的商品以多张图片的形式分享出去。这些图片是商家在添加商品时，上传的多张介绍商品的图片，也就是商品的详情描述图片。接下来，将为大家介绍采用多图分享的形式分享商品的操作方法，其具体流程如下。

（1）在"微店"首页界面点击"商品"按钮进入"出售中"界面，在该界面选择好自己要分享的商品后，点击该商品下的"图文推广"按钮，如图6-69所示。

（2）在弹出的"图文推广"框中，选中"多图分享"选项，如图6-70所示。

（3）进入微信朋友圈的编辑界面后，点击"发送"按钮，如图6-71所示，即可将商品以多图形式分享到微信朋友圈。

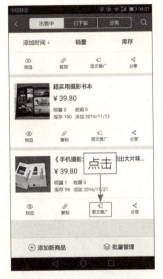

▲ 图6-69　点击"图文推广"按钮

▲ 图6-70　选中"多图分享"选项

▲ 图6-71　点击"发送"按钮

6.4.2　二维码分享

"图文推广"中的二维码分享是指，商家将商品的主图与商品二维码相结合分享出去，看见分享的人只要长按或者扫描二维码，即可查看商品详情，购买该商品。接下来，将为大家介绍采用二维码形式分享商品的操作方法，其具体流程如下。

（1）在"微店"首页界面点击"商品"按钮进入"出售中"界面，选择分享的商品后，点击该商品下的"图文推广"按钮，如图6-72所示。

（2）在弹出的"图文推广"框中，选中"二维码分享"选项，如图6-73所示。

（3）此时，弹出商品的二维码，如图6-74所示。商家只要选中二维码下方的朋友圈、微信、新浪微博或QQ空间的图标，然后根据系统提示操作就能将商品二维码分享到这些平台上。

▲ 图6-72　点击"图文推广"按钮

▲ 图6-73　选中"二维码分享"选项

▲ 图6-74　商品二维码

6.5　内容引流技巧：店长笔记

前面的章节中，介绍过"店长笔记"功能以及设置笔记模块的设计方法。这里将为大家介绍利用店长笔记进行引流的技巧，以帮助广大微店商家，尽可能地获得更多的流量。

6.5.1　故事

在进行店长笔记创作的时候，可以创作多种形式的店长笔记，故事型的内容可以是其中的一种。

大部分人对于故事都是比较感兴趣的，因此，故事型内容的店长笔记，相对于其他类型的店长笔记会更加容易被人接受，也更加容易引起买家的关注。商家在创作故事型的店长笔记时，要注意掌握故事的大体走势，情节要设置得新颖、有吸引力，这样才能引起读者的关注。

其实，写故事型的店长笔记也相当于写软文。微店商家可以在写故事型店长笔记的时候，顺便将自己的商品或店铺信息嵌入到故事情节中，这样就能够让顾客在阅读故事的同时，接触到商家的店铺和商品，达到无意识地宣传店铺商品、为店铺引流的目的。

6.5.2　产品

在创作店长笔记的时候，除了可以创作故事型的笔记内容之外，还可以创作商品型的内容。创作商品型的内容时，可以以商品图片＋商品描述的形式，去进行商品介绍。在针对商品进行文字描述的时候，要尽量将商品具备的特点描述出来，以此吸引、打动顾客。

另外，在创作产品型店长笔记时，还要格外注意商品的图片。要确保笔记中使用的商品图片清晰、有吸引力。同时，还可以在笔记中嵌入店铺二维码或者商品二维码的图片，这样顾客在阅读笔记时，就可以通过图片进入店铺或商品界面，从而能够帮助实现引流的目的。

6.5.3　服务

除了上述故事型、产品型的店长笔记之外，还可以创作服务型的店长笔记。服务型的店长笔记，其实就是指商家将自己经营店铺的一些心得体会、经营技巧等内容写在店长笔记中，与大家分享，这样能够帮助其他商家获得一些经营店铺的方法。商家创作的服务型店长笔记越实用，对自己店铺的宣传与推广效果就越大，这样就代表着商家能够获得越多的流量。

需要注意的是，在创作服务型的店长笔记时，为确保最终的引流效果，一定要保证分享的内容是可行、有效的，最好还是有新颖的而不是那种大多数商家都知晓的内容，这样才能使笔记具有吸引力与可读性和可宣传性。

第 7 章

社群营销，留住微店顾客

学前提示

　　要想让自己的店铺长久经营下去，不仅需要源源不断地挖掘粉丝，同时也要尽可能地转化和留住每一个粉丝。本章将介绍微店商家进行粉丝推广、获得并留住粉丝的诀窍，以及微店商品营销的技巧等方面的内容，帮助商家留住自己店铺的粉丝。

要点展示

>>> 粉丝推广工具
>>> 获得并留住粉丝的诀窍
>>> 微店商品营销技巧

7.1 粉丝推广工具

要吸引更多的顾客，除了可以借助"微店"APP 上的一些功能之外，还可以借助粉丝的力量，让粉丝给自己的店铺带来新粉丝。让粉丝给商家带来粉丝，也就是让粉丝给商家的店铺进行推广，只要能够采用合适的方法，其推广效果有时会比商家自己去推广获得的效果更可观。

接下来，将为大家介绍一些可行的让粉丝帮助商家推广的方法。

7.1.1 首单送红包

商家如果要想让粉丝帮自己宣传产品的话，可以采用"首单送红包"的方法。随着微信红包的兴起与流行，人们对于红包变得越来越没有抵抗力，微店商家刚好可以抓住这一现象，借助红包的流行实现推广店铺的目的。

采用"首单送红包"法进行店铺推广时，可以在自己的店铺首页向进店的顾客说明，只要进店购买第一单商品，确认收货之后，即可获得店家送出的一个红包；也可以在为商家提供客服服务的时候，在回复信息中告诉卖家；还可以在每件商品的标题中加上"首单送红包"的字样，这样商家就能够让买家从多种渠道知道店铺"首单送红包"的信息。

当买家被商家的"首单送红包"信息吸引下单购买了商品，收到商品确认收货之后，商家就可以将红包发送给买家。大部分买家收到商家的红包之后，会跟身边的朋友分享这一信息，推荐那些有意愿购买商品的人到商家的店铺购买，这样商家就能够实现通过"首单送红包"的方式，让店铺粉丝给自己带来新粉丝的推广目的。

> 💡 **专家提醒**
>
> 需要注意的是，在采用"首单送红包"的方法吸引顾客购买商品进而帮助商家推广商品的时候，设置的红包金额要合理，红包金额尽量不要太小，因为太小的红包会让买家觉得商家没有诚意；红包金额也不能过大，因为过大的红包金额容易让商家亏损。
>
> 建议商家在设置红包的时候，尽量将金额控制在单件商品的净利润之下，也就是说：商家发的红包大小不要超过售出商品的净利润。

7.1.2 转发集赞

在日常的生活中，相信很多人在朋友圈或其他平台上看见过集赞免费送东西的信息。对于微店商家来说，也可以采用这种方式吸引顾客帮自己的店铺或商品进行宣传。

在设置"转发集赞"活动时，可以让顾客转发自己店铺的二维码、店铺名称＋链接、店铺商品二维码等类型的信息。

同"首单送红包"一样，商家可以在自己店铺的首页、客服信息、商品标题以及商品详细介绍等地方，将"转发集赞"的信息传递给顾客。顾客看见此类信息后，如果有兴趣就会参与到活动中来，就会将相应的信息转发到自己的朋友圈或其他平台，让自己的朋友帮忙集赞，顾客的朋友就能够知晓商家的店铺、商品，这样就能够实现让粉丝推广的目的。

图7-1所示为采用"转发集赞"方法进行推广的微店商品示例。

▲ 图7-1 采用"转发集赞"方法进行推广的微店商品的示例

7.1.3 限时秒杀

限时秒杀，也是微店商家可以采用的一种推广店铺的方法。微店商家可以将自己店铺中的商品设置为限时秒杀商品，并在商品的标题或商品介绍中特别注明，让顾客一眼就能够看见。当顾客看见这类限时秒杀商品的时候，就会非常心动，忍不住想要购买。这种方法用在那些平时价格很高、不轻易打折的商品上时，对顾客的吸引力尤为突出。

当人们看见"限时秒杀"类的商品时，大部分人会忍不住跟自己的朋友分享，经过顾客的分享，就会有越来越多的人看见商家商品的"限时秒杀"信息，自然而然就形成了粉丝推广效应。

图7-2所示为采用"限时秒杀"方法进行推广的微店商品示例。

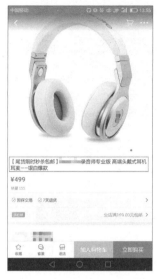

▲ 图 7-2　采用"限时秒杀"方法推广的微店商品示例

7.1.4　团购特惠

前面的章节中介绍过"微店"APP 上的"微团购"功能，相信很多人对于团购都有了一定的了解。其实，团购不仅能够帮助商家提升店铺的销量，还能够帮助商家借助粉丝力量推广店铺。

要借助团购吸引店铺粉丝帮助自己宣传、推广店铺，可以在自己店铺中挑选出一样主打商品，设置一团购特惠活动，并且规定满几人才能开团。每个顾客都可以邀请他人一起参团，达到开团人数后，即可享受团购价格。

在这样的规定下，如果顾客想要以团购价购买到该商品，那么他就会努力向自己身边的人介绍商家的拼团信息，这无形中就帮助商家宣传了店铺与商品。商家采用团购优惠的方法不仅能够提升店铺商品的销售量，也达到了借助粉丝力量推广店铺与商品的目的，对商家来说是一个一举两得的好方法。

> 💡 **专家提醒**
>
> 需要注意的是，在采用"团购特惠"方法，吸引顾客购买商品进而帮助商家推广商品的时候，设置的团购价格一定要具有吸引力，这样才能让顾客有动力参加。同时，商家设置的开团人数要合理，因为过高的开团人数会打消买家参团的积极性，从而导致顾客放弃参团。

图 7-3 所示为"微店"平台上采用"团购特惠"的方式进行推广的商品示例。

▲ 图 7-3 采用"团购特惠"方法进行推广的商品示例

7.1.5 9块9包邮

微店商家进行店铺推广，除了上述的 4 种方法之外，还可以借助"9 块 9 包邮"活动来实现推广目的。也就是说，商家可以将自己店铺中的一款商品的单价设置为 9.9 元并且包邮，同时商家要确保该件商品的质量，然后利用低价的形式将其打造成店铺的爆款。

这种质量有保障、价格低的商品自然会受到人们的追捧，能够引发购买者的分享心理，因此就可能达到购买者口口相传的效果，从而使得商家的店铺得到宣传，带动店铺其他商品的销售。

图 7-4 所示为采用"9 块 9 包邮"方式进行推广的微店商品示例。

▲ 图 7-4 采用"9 块 9 包邮"方式进行推广的微店商品示例

7.2　获得并留住粉丝的诀窍

对于微店商家而言，粉丝是微店获利的前提，因此商家不但要想尽办法增加店铺粉丝，还要运用各种办法留住粉丝。对于微店商家来说，微信平台是其添加粉丝、管理粉丝的一个重要平台，所以商家要好好运用这一平台。接下来将为大家介绍借助微信平台获得和留住粉丝的相关内容。

7.2.1　精致的内容和互动

"提供价值，而非吸引眼球"，这是微信营销的态度，也是能否留住粉丝的关键，应该引起微店商家的重视。然而要做到这一点，微店商家必须在微信上提供精致的内容和互动，才能真正地为粉丝们提供价值。

商家可以运用"图文并茂"的策略开展微信营销。图文并茂的信息形式能够更直观地展示产品，包括特色、优惠和折扣等，吸引特定的市场和特定的客户，提供个性化、差异化的服务。

在进行内容营销之前，商家必须懂得一些内容策略。内容策略从字面的意思来看，可以理解为指导微店商家如何精选题材，如何精编内容。同时，它也指导微店商家如何通过发布合适的内容，来实现预定的营销目标。

微店商家的营销人员进行的最直接且最重要的一项工作，就是通过微信发布信息，而商家所发布的信息必须经过认真的思考和衡量，要从顾客的心理和企业目标的角度出发，考虑各方面的问题，尤其是中小企业。为了吸引其他顾客的注意，微信营销发布的信息必须遵循"3I 原则"。

（1）**有趣（Interesting）**。即内容要有足够的新意，有足够吸引人的地方。

（2）**利益（Interest）**。这里所说的利益是指对顾客有利益、有价值的内容，也就是说，商家所发布的内容具有一定的实用性，能够向顾客提供一定的帮助。

（3）**个性（Individuality）**。个性是最难把握的一个原则，微店商家要注意发布的微信内容要自成体系，在报道方式、内容倾向等方面要有特点，并且能长期保持一致性，这样才会给顾客一个系统和直观的整体感受，使微店的微信营销比较容易被识别，而个性化的微信服务可以增强顾客对商家的黏性。

7.2.2　吸引顾客的标题

手机上的微店众多，商品更是数不胜数，一般买家都是采用搜索的方式来寻找自己想要的东西，而标题是决定这一环节的关键因素。因此，做好广告标题的优化是微店推广、获得粉丝、增加销量的首要任务。

一个完美的微信营销不仅要能让买家一目了然，还要有利于关键字的搜索。一个完整的标题应该包括以下3个方面。

（1）**商品名称：**让买家一眼看出这是什么东西。

（2）**感官词组：**充分调动买家对该商品的兴趣。

（3）**优化词组：**提高商品被搜索到的概率。

接下来介绍几种常用的商品标题组合形式。

- 品牌、型号＋商品名称；
- 店铺名称＋地域特点＋商品名称；
- 促销、特性、感官词＋品牌＋商品名称；
- 促销、特性、感官词＋商品名称；
- 地域特点＋品牌＋商品名称；
- 店铺名称＋品牌、型号＋商品名称；
- 品牌、型号＋促销、特性、感官词＋商品名称；
- 信用级别、好评率＋店铺名称＋促销、特性、感官词＋商品名称。

对于这些商品名称组合，不能说选哪一组最好，而是需要微店商家自己去分析市场、商品竞争激烈程度和目标消费群体的搜索习惯来确定。商家在编写标题时，最重要的就是把商品最核心的卖点用精练的语言表达出来，当然可以先列出几个比较好的卖点，然后择优而录。

7.2.3　找到准确的自身定位

不同的微店，不同的产品有着不一样的经营方法，因此微店商家必须找准自己的定位，才能一步步开始步入微信营销。

（1）**根据商业目标定位。**每个微店都有自己的特点和要求，不尽相同，因此其营销目标也不可能相同，那么其微信营销在定位的时候，就不能人云亦云。

（2）**根据经营模式定位。**除了商业目标，不同的经营模式也决定了微店不同的定位。正确、可行的经营模式定位，才是微店持续经营下去的前提。

（3）**根据产品特色定位。**当然，微店商家要对微信进行精准定位，并不拘泥于某个固定的套路，服务式营销固然人性化，更受顾客青睐，但它也并不是适用于所有的微店。对于广大投身微信营销的微店商家而言，最好的方法就是深入了解自己的产业特色、产品特色，有针对性地进行定位。比如手机销售商，就应该根据手机的功能，锁住不同年龄层的顾客，进行一对一宣传。

7.2.4　掌握广告推送时机

微店商家在给自己的客户群发送广告时，面临的难题就是发送广告的时间。在什么时候进行微信营销比较合适？哪个时间点的被阅读率最高？这些都是微店商家必须考虑的问题。

经过分析、总结，笔者发现在表 7-1 所示这几个时间段，微店商家给自己的客户群发信息的效果会比较好。同时，商家在发送信息时，可以根据客户分组，选择不同的时间发送信息，也可以给不同分组的客户发送不同内容，这样信息的精准度也会相对较高。

表 7-1　　　　　　　　微店商家微信广告推送广告的时间点

推送时间选择		选择理由
早上	8 点左右	新的一天开始，大家对信息的需求量是最大的，同时也是信息蜂拥而入的时候，微店商家需要把握这个黄金时段
中午	11 点半 ~ 12 点半	这段时间一般是大家吃饭和午休的时间，聊天讨论的概率比较大，这时候发送的微信消息很容易成为话题
晚上	20 点 ~ 21 点	这个时间点，是大家最放松的时间，一般是在看电视或者散步，容易接受广告推送

对于一个想塑造品牌形象的微店商家而言，定时推送是一个很好的选择。对于顾客而言，每天打开手机，就会有无数的微信消息跳出来，轰炸式的宣传容易让人感到疲劳。微店商家在保证推送的广告质量的同时，在发送时间上也应该慎重。每天定时发送，形成自己独特的时间段，这样，顾客就不必从泛滥的微信中去挑选，到了那个时间点，他会自动去翻看商家的微信，有效地避开了那些骚扰微信。

除了日常的发送时间机制之外，商家还必须随时注意社会动态，灵活应变，调整自己的发送时间。

7.2.5　及时回复顾客

将广告信息发送给客户群体之后，如果有顾客来咨询商家问题，那么商家一定要掌握好回复客户的时间。微店商家要清楚，顾客来咨询产品的时候，是怀着疑虑来的，是要得到答案的，他们不想出现问了商家一个问题，问题却石沉大海没人回答的现象。这样会导致顾客失去购买的欲望。

所以，当有顾客来咨询商家的时候，一般商家回复顾客的时间最好在 1 分钟之内。因为在这个时间内，买家购物的热情还在，如果商家能即时回复买家的咨询，及时解决买家的问题，就不会丢失顾客，导致失去生意。

7.2.6 扩大粉丝生态圈

对于每一个想要将自己的微店店铺做好、做大的商家来说，扩大自己的粉丝生态圈，让粉丝帮你产生更多的具备消费需求的粉丝是非常必要的。下面总结了3大扩张粉丝的微信营销策略。

1. "图文并茂"营销策略

单纯的文字或语音消息推送，宣传效果可能有所欠缺，微店商家可以运用"图文并茂"的策略开展微信营销，直观而形象地诱导顾客。

- 更直观地展示产品：包括特色和优惠、折扣等，吸引特定的市场和特定的客户，提供个性化、差异化服务。
- 有助于商家挖掘潜在客户：将微店产品、服务的信息传送到潜在客户的大脑中，为微店赢得竞争的优势，打造出优质的品牌服务。

2. "病毒式"营销策略

病毒式营销，是指一种常用的网络营销方法，常用于网站推广、品牌推广等，病毒式营销利用的是顾客口碑传播的原理。在互联网上，这种"口碑传播"更为方便，可以像病毒一样迅速蔓延，因此病毒式营销成为一种高效的信息传播方式。而且，由于这种传播是顾客之间自发进行的，因此几乎是不需要费用的网络营销手段，其效果也非常明显。

目前，微信营销的案例层出不穷，获利的企业成功的方法五花八门，让商家眼界大开，微店商家利用微信营销一定要注意博采众长，学会借鉴别人的方法和经验，来改善自己的微信营销。简单地说，就是拿来主义，只有不断地学习别人成功的方法，才能让自己微店的微信营销越做越好。

3. "意见领袖型"营销策略

名人明星和企业高层管理人员的观点具有相当强的辐射力和渗透力，对大众言辞有着重大的影响作用，可以潜移默化地改变人们的消费观念，影响人们的消费行为。微信营销可以有效地综合运用意见领袖型的影响力和微信自身强大的影响力刺激需求，激发顾客购买欲望。

明星微信已经有点儿微博走名人路线的意思，很多明星已经开通了"官方微信"，这个微信类似于公众账号，可以管理微信粉丝以及群发微信等，通过明星微信，粉丝们可以很好地收到明星的消息。

在每个行业都一定有些比较突出的或是比较成功的网站和人士，微店商家如果能够发表对名博、名站的分析文章，将会吸引众多读者。另外，微店商家还可以巧借他人精华，主要是分享热点文章，并非原创，有点类似于文摘，如摘录一些经典的文章进行分享，或者收集最新最热的段子，以此迎合顾客的喜好。值得注意的是，切记应当尊重他人的劳动成果，用时一定要注明作者或者出处。

7.2.7 揣摩粉丝的需求

对于每一个微店商家来说，要留住粉丝，让粉丝在自己的店铺进行消费，就需要了解粉丝到底需要的是什么。

对于微店来讲，如果顾客需要提供答疑服务，这时，微店商家就要利用微信实现随时随地的与顾客沟通，让微信成为一个 24 小时在线的即时沟通工具，延伸现有客户服务体系，满足现有客户产品咨询服务，成为客户咨询应答平台。如果顾客需要对产品或服务进行咨询，微店商家就要利用微信发挥其自动应答、即时回复等功能，解答潜在顾客的问题，完成对客户的服务。

除了服务需求，微店商家还可以利用人文关怀留住顾客，满足顾客的情感需求，向顾客以友好的方式传递产品使用提示，增加客户黏性。

总之，尽量去满足粉丝的合理要求，从而与粉丝形成黏性的汇聚力。要达到这一目标，必须深度关注顾客的评价和体验。很多顾客会通过微信表达他们的不满，也有很多顾客通过微信表达赞美，微店商家千万不能忽视这个环节，完全可以大大加以利用。

如果商家的产品口碑好，总有很多粉丝赞美，商家完全可以把他们说的"好"炫耀给大家，通过微信转发，不仅充实内容，还让这些顾客"受宠若惊"，更加乐于参与，商家还可以在此基础上设置互动，送上小礼物，顾客会帮商家创造内容的。

> **专家提醒**
>
> 微店商家应该定时收集顾客反馈信息，对阶段内的工作进行调整。如果顾客的意见被采用，对方会觉得得到尊重，从而更加密切地留意商家微信。此外，微店商家还可以让顾客参与微信的内容编写，实行面向顾客征稿的形式，激发顾客更大程度的参与。

7.2.8 提供人性化服务

微店商家提供人性化服务，具体来说就是微店商家要以人为本，为顾客全心全意提供优质的服务，给顾客以人文关怀，从而有效提高顾客的服务满意度，进而增加微店的客户满意度，最终达到提高微店效益的目的。

当今，移动互联网市场竞争激烈，尤其对于微店商家来说，谁赢得了粉丝，谁就赢得了市场，谁就赢得了微店的发展。所以，各家微店纷纷打起了"服务战"，顾客有什么样的需求，微店就应尽可能提供什么样的服务。依靠服务手段，在竞争中求得胜利，站稳脚跟，求得微店的生存与发展，这是市场经济条件下的必然选择，亦是市场竞争的无情法则。

因此，在微店的微信营销过程中，人性化服务不再是一句时髦的口号和表面的形式，而是一种具体的、本质的内容，要融入到每一个微店商家的理念之中。人性化服务要求必须由传统的被动服务模式转变为主动服务模式，充分发挥人的主观能动性，挖掘内在潜力，时刻为顾客着想，时刻以顾客为中心。

7.2.9　创新微信营销模式

任何一家微店都要勇于创新，突破固有营销模式，将微店的产品推出去。好产品并不意味着好销售率，微店的产品可能的确质量好、品质佳，但不一定就会人见人爱；实际上，在这个营销当道的时代，顾客的选择有千百万种，顾客很难钟情于某个固定品牌。

微店商家要做的就是努力让自己与众不同，亮出自己的特色：产品究竟能给顾客带来什么好处？具备什么样的特性？是否能比其他产品更好地满足其需求？这时，微店商家就要全面利用各种手段来进行结合营销，比如，不同的产品就要制定不同的价格，选择不同的渠道，采取不同的促销方式；比如，利用微博、论坛、QQ 群等多种手段整合进行微信营销；比如，对微信平台进行二次开发，提供更为丰富的应用等，在这一点上，天虹商场的微信营销做得非常不错。

在微店时代，手机成为顾客随时随地随身的物品，而且不再有 PC 时代"在线"的概念，任何时候，商品、门店、粉丝都是被连接在一起的，线下店面将不再受到物理空间的局限，即使顾客离开了门店，还是有机会通过手机再跟他进行沟通和触达，因此线上线下一体化，持续优化顾客的体验促成销售变成了现实。

微店商家要懂得如何创造需求，即发现、创造、提供什么样的价值，最重要的是，必须提供顾客认为最有利益的价值，即真正解决顾客问题和满足顾客需求的产品和服务。比如，化妆品为顾客提供的利益是"美"，倘若微店商家能站在顾客的角度来思考，把价值的概念深入化、人性化，就会受到粉丝的青睐。

7.3　微店商品营销技巧

如今，微信等微店平台汇聚了全国各地的商界精英，在高手如云的网上卖场，为了争取有限的客户，必然要注意一些微店的经营方法策略，才能获得属于自己的市场份额。那么，怎样来适应这个竞争激烈的行业？怎样保证店铺能在微店大军中占据一席之地？作为职业或兼职卖家应该怎样努力来保证店铺的发展和商品的畅销？

7.3.1 提升商品点击率

当买家在微店列表页看到一堆商品的时候，如何才能让买家一眼就看到自己的商品并且点击自己的商品？这是每个微店商家都要思考并解决的一个问题。微店商家要想提升微店商品的点击率，可以从两个方面来优化：选品和图片。接下来，将分别介绍这两方面的内容。

1. 优化选品

以在微店中比较常见的服饰女装为例，商家如果想要提高自己商品的点击率，首先，选择的商品最好是适合年龄在 18 ～ 28 岁的年轻女性，因为这个年龄阶段的女性是微店最大的买家群体；其次，在衣服的风格上，应该选择当下年轻女性喜欢的日韩系风格，如图 7-5 所示。选取款式不要是那种常见的偏老气的款式，也不要是那种一直摆着老气姿势的模特穿的衣服。

▲ 图 7-5 合适的商品风格

2. 优化商品主图

手机屏幕大小有限，如何让买家在商品列表中第一眼就看到自己的商品，最重要的就是商品的图片。千万不要用淘宝上的图片优化经验来做手机端图片优化，因为是完全不同的两个场景。设计微店的商品时，要注意以下细节。

（1）图片要明亮、清晰，背景要简单不杂乱，如图 7-6 所示。

（2）细节图突出，商品在图片中的占比大，如图 7-7 所示。

▲ 图 7-6　简单的背景

▲ 图 7-7　细节图突出

（3）不抠图、少拼图、不加小广告，图 7-8 所示为不加广告（左）与加广告（右）的图片的效果对比。

▲ 图 7-8　图片不加广告与加广告的效果对比

（4）明星同款可以有，但是不要过分突出明星，重点是要突出商品本身。

（5）尽量选亚洲模特，欧美模特距离感太强。

（6）少用挂拍和平铺图片，那样顾客会没有代入感；同时，挂拍和平铺的图片，很难让顾客知道这个衣服的长、宽、高到底是多少，自然就不会有高的点击率。图7-9所示为平铺拍摄（左）和用模特展示的效果对比（右）。

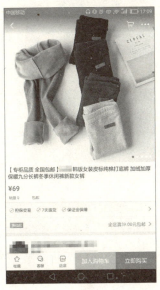

▲ 图7-9　平铺图片和模特展示图片的效果对比

7.3.2　提升商品搜索排名

在微店平台上，商品排名越靠前，其被顾客购买的概率就越大。因此，提升商品搜索排名，就成了每个微店商家必须要做好的一部分。接下来，将从影响商品搜索排名的因素和提升商品搜索排名的技巧这两个方面来介绍，以帮助商家提高自己店铺商品的搜索排名。

1. 影响商品搜索排名的因素

在微店平台上，影响商品排名的因素有商品销量、商品价格、商品中的关键词3种。

（1）商品销量。

在买家版微店上搜索商品时，可以根据商品的销量去搜索商品。在同一分类下，销售量越高的商品，其排名就会越靠前。图7-10所示为女装分类下，按照销量条件出现的商品排名。

▲ 图 7-10　按商品销量出现的商品排名

（2）商品价格。

在买家版微店上，买家可以根据商品的价格进行商品搜索排名。在同一分类下，商品价格的排名可以分为从高到低的价格排名和从低到高的价格排名两种情况。

图 7-11 所示为在"欧美女装"这一分类下，按从高到低的价格条件搜索出的商品排名（左）与按从低到高的价格条件搜索出的商品排名（右）。

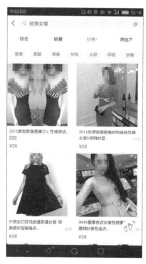

▲ 图 7-11　按商品销量出现的商品排名

（3）商品中的关键词。

买家在搜索商品的时候，可以通过关键词进行搜索，所以越符合买家关键词的商品，在搜索排名中就会越靠前。图 7-12 所示为按照"2016 长款女装羽绒服"这一搜索关键词进行商品搜索，出现的商品排名。

▲ 图 7-12　按"2016 长款女装羽绒服"关键词进行搜索出现的商品排名

2. 提升商品搜索排名的技巧

在清楚了影响商品搜索排名的因素之后，结合这些因素，就可以整理出提高商品搜索排名的技巧，这些技巧具体有以下几种。

（1）根据销量提升商品排名。

商家可以选出一款主打商品，通过自己开展各种活动或者参加微店平台开展的各种活动，将其打造成爆款，提升其在整个微店平台上某类商品分类中的搜索排名，从而借助爆款商品提升整个店铺的商品销量。

（2）根据价格提升商品排名。

商家在给商品设置价格的时候，不仅要保证利润的合理，还要对同类商品的市场价格进行分析，要么将商品的价格设置成同类商品的最低价左右的价格，要么将商品价格设置成同类商品中最高价左右的价格。这样，就能够确保在按价格搜索时，自己的商品可以出现在同类商品中的前排。

💡 专家提醒

现在很多顾客在购买东西时都会有折中的心理，将价格设置为最低他们会觉得质量可能会有问题，设置成最高又会觉得太贵，所以将价格设置在最低价或最高价附近是最可行的，既能让商品出现在搜索前排，又能符合人们的购买心理。

（3）根据关键词提升商品排名。

商家要想凭借关键词，让自己的商品出现在同类商品的搜索前排，首先就需要对微店平台上同类商品的关键词进行分析、总结，从中找出最热门的关键词，并且要尽可能地将关键词总结得全面、细致，然后将这些热门的关键词嵌入商品标题、商品介绍，这样就能在顾客根据关键词搜索商品时，提高商品排名。

图7-13所示为与"女装"和"手机"相关的比较热门的关键词，这些关键词是系统自动推荐出来的。

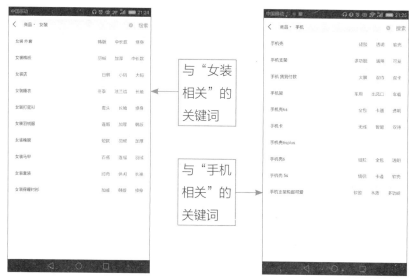

▲ 图7-13 搜索"女装"和"手机"时系统自动推荐出来的关键字

> 💡 **专家提醒**
>
> 如果商家在搜索关键词时，没有出现自己店铺的商品，那么可能有以下几个方面的原因：
> （1）商家输入的关键词不全面；
> （2）商家没有抓住自己商品中最关键的搜索词；
> （3）商品的综合排名不高。

7.3.3 通过数据优化商品

在微店平台上，微店卖家每日都可以看见自己店铺相关的数据情况。其中，以"昨日浏览""总浏览量""收藏""赞"这几个方面的数据最为显眼，商家一进入自己店铺的"统计"功能就能够看见。这几个方面的数据对于微店的影响是比较大的，商家只要做好这几类数据的提升，就能在一定程度上优化店铺的情况，自然就能够优化商品在微店平台上的情况。

接下来，将以微店店铺"手机摄影大全"为例，分析"昨日浏览""总浏览量""收藏""赞"这几个方面的数据。图7-14所示为微店店铺"手机摄影大全"相关的数据。

▲ 图7-14 "手机摄影大全"相关数据

从图中可以看出，该家店铺的各项数据都是比较低的，尤其是"收藏"和"赞"这两方面的数据。针对这种各方面数据都低的情况，可以从以下几个方面去改善。

（1）提高"浏览量"。

提高浏览量，包括提高"昨日浏览"和"总浏览量"。商家的综合排名低，就会导致店铺露面的概率低，这样自然会影响"昨日浏览"的数据。而店铺的总浏览量，就是由每天的"昨日浏览"累积起来的，所以商家如果想提高"总浏览量"就必须提高"昨日浏览"。

商家要提高"昨日浏览"，可以通过积极参加各种微店活动，借助获得的历练增加店铺、商品的曝光率，使自己的店铺、商品出现在活动首页、店铺首页的次数增多，这样顾客看见商家店铺和商品的概率就会增大，从而就能够提高店铺的"昨日浏览"和"总浏览量"。

（2）提高"收藏"。

在店铺经营前期，如果商家要提高店铺收藏量，可以从自己身边的朋友着手，先让自己的朋友收藏店铺，来积累一定的收藏量。

除此之外，还可以通过在各种社交平台以留言、发帖的形式邀请他人收藏自己的店铺，并且给予收藏者以一定的奖励。在各种社交平台上留言、发帖邀请他人收藏自己店铺时，商家可以留下自己的微信号，这样不仅方便给收藏者发奖励，还起到了一定的引流作用，因为这些收藏自己店铺的人，说不定就会成为店铺的顾客。

同时，商家可以在自己店铺中注明"收藏送奖励"的字样，以吸引顾客收藏店铺，至于奖励，可以是店铺优惠券、折扣购物、红包奖励等。

> 💡 **专家提醒**
>
> 除了上述方法之外，商家还可以多加一些微店商家交流群，与群里的其他微店商家互相收藏店铺，以此提高自己店铺的收藏量。而且，因为这种收藏是双方的，商家还可以节省一定的奖励成本。

（3）提高"赞"。

商家要提高店铺获得的赞，就必须清楚要怎样才能够获得赞。其实微店的"赞"是给店铺商品的，因此，要获得"赞"就需要让人给自己的商品点赞。商家可以让人进入自己店铺的"Ta 的动态"中，给自己的商品点赞，如图 7-15 所示。

▲ 图 7-15　点赞

可以采用跟提高店铺"收藏"一样的方法，邀请他人给自己店铺商品点赞，来提高自己店铺商品的"赞"。为了方便，商家可以邀请他人在收藏自己店铺的同时也给自己的商品点赞。

7.3.4 设置微店商品促销

　　微店商家要想让自己店铺的商品销售得更好，开展各种活动是必不可少的。开展活动不仅能够帮助商家提高店铺商品的曝光率，还能帮助商家提高店铺的人气，获得更多的流量，促使商品成交。

　　本章介绍了非常多的商品促销方法，如限时折扣、满减、满包邮、店铺优惠券、微店拼团等。商家可以借助这些方法，为自己的店铺带来更高的销量。

第8章

微店运营，购物、客服与订单

学前提示

微店商家在运营自己店铺的时候，对于购物流程、发货管理、客服技巧、订单管理、客户管理等最基础的运营技巧要熟练，这样才能确保店铺的正常运营。本章将介绍微店运营的基本技巧，为商家的微店运营打下牢固根基。

要点展示

>>> 买家购物流程
>>> 发货客户管理
>>> 微店客服技巧
>>> 微店订单管理
>>> 微店客户管理

8.1 买家购物流程

微店的购物流程跟其他购物平台（如淘宝、当当网等）相类似，基本步骤包括进入店铺、选择商品、设置收货地址、下单支付、确认收货等。本节将详细介绍买家购物的流程。

8.1.1 进入店铺

对于买家来说，在微店购买商品的第一步就是要进入店铺，进入微店店铺的方法有很多种，这里以其中的两种为例进行介绍。

1. 通过卖家分享的商品或店铺链接进入

在基于社会化营销的主流方式中，通过卖家分享到社交媒体上的店铺或商品链接是买家进入微店店铺最常用的方式。通过卖家分享的商品或店铺链接进入店铺的操作方法是一样的，这里以通过商品链接进入店铺为例，介绍进入店铺的操作方法，其具体流程如下。

（1）点击需要点击分享的商品链接，如图 8-1 所示。

（2）进入相应的商品界面，如图 8-2 所示。

▲ 图 8-1　点击商品链接

▲ 图 8-2　进入相应的商品界面

2. 通过"微店"APP 进入

除了上述的方法之外，买家还可以通过买家版"微店"APP 进入店铺，其具体流程如下。

（1）买家需要安装并打开买家版"微店"APP 首页界面，在该界面点击"寻找商品、店铺"搜索框，如图8-3所示。

（2）进入相应的界面后，点击搜索框中"商品"字样旁边的倒三角按钮，如图8-4所示。

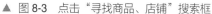

▲ 图8-3　点击"寻找商品、店铺"搜索框　　　　▲ 图8-4　点击倒三角按钮

（3）在出现的相应的选项中，选中"搜索店铺"选项，如图8-5所示。

（4）切换成搜索店铺模式，在输入框中输入要进入的店铺的名称，这里以"手机摄影大全"为例，输入完成后，点击"搜索"按钮，如图8-6所示。

（5）此时，出现与搜索相关的店铺，有时候会出现同名的店铺，买家选择一家自己要进店铺点击，即可进入该店铺，如图8-7所示。

 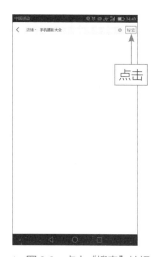 

▲ 图8-5　选中"搜索店铺"选项　　▲ 图8-6　点击"搜索"按钮　　▲ 图8-7　进入店铺

8.1.2 选择商品

执行上一小节中的操作后，即可进入微店店铺。进入微店店铺后，买家就可以选择自己想要购买的商品了。接下来，将为大家介绍选择商品的操作方法，其具体流程如下。

（1）在店铺的首页，点击"分类"按钮，在出现的"分类"界面中选中一个分类选项，这里以选中"摄影书籍"为例，如图 8-8 所示。

（2）进入相应的"摄影书籍"界面，选中自己要购买的商品，如图 8-9 所示。

（3）进入该书籍的详情界面，点击"加入购物车"按钮，如图 8-10 所示，然后选好商品型号和数量，就可以将该商品加入到购物车。

▲ 图 8-8　选中"摄影书籍"分类项　　　▲ 图 8-9　选中商品　　　▲ 图 8-10　点击"加入购物车"按钮

8.1.3 设置收货地址

如果买家要设置收货地址，那么就必须在"下单页"界面设置。进入下单页界面的方法有两种，第一种是在商品详情界面点击"立即购买"，然后进入"下单页"界面；第二种是在购物车中选中商品，点击"去结算"按钮进入"下单页"界面。接下来，将以第二种方法为例，介绍设置收货地址的操作方法。

（1）在买家版"微店"APP 首页点击"我的"按钮，如图 8-11 所示。

（2）进入相应的界面后，选中"购物车"选项，如图 8-12 所示。

（3）进入"购物车"界面后，选中商品，然后点击"去结算"按钮，如图 8-13 所示。

▲ 图 8-11　点击"我的"
　　　　　　按钮

▲ 图 8-12　选中"购物车"
　　　　　　选项

▲ 图 8-13　点击"去结算"
　　　　　　按钮

（4）进入"下单页"界面，点击"📧"按钮，如图 8-14 所示。

（5）进入"添加收获地址"界面，输入相关的信息后点击"保存"按钮，如图 8-15 所示。这样，买家就完成了设置收货地址的操作。

▲ 图 8-14　点击"📧"按钮

▲ 图 8-15　点击"保存"按钮

8.1.4　下单支付

　　设置完收货地址后，买家就可以下单支付了。接下来，将为大家介绍下单支付的操作方法，其具体流程如下。

（1）执行了上小节中的"保存"操作后，即返回到"下单页"界面，在该界点击"去付款"按钮，如图 8-16 所示。

（2）在弹出的"支付"框中，点击"＞"按钮，如图 8-17 所示。

（3）出现"选择支付方式"框，如图 8-18 所示，在该框中选择一种支付方式，然后按照系统提示完成付款。

▲ 图 8-16 点击"去付款"按钮

▲ 图 8-17 点击"＞"按钮

▲ 图 8-18 "选择支付方式"界面

8.1.5 确认收货

当卖家发货后，买家收到货并且确认商品无损坏之后，就可以确认收货。接下来将为大家介绍买家收货相关的操作方法，其具体流程如下。

（1）打开买家版"微店"APP，在首页界面点击"我的"按钮，如图 8-19 所示。

（2）进入相应的界面后，点击"待收货"按钮，如图 8-20 所示。

（3）进入"我的订单－微店"界面，在该界面点击"确认收货"按钮，如图 8-21 所示。

（4）在弹出的相应的提示框中，点击"确认收货"按钮，如图 8-22 所示。

▲ 图 8-19 点击"我的"按钮

▲ 图 8-20　点击"待收货"按钮

▲ 图 8-21　点击"确认收货"按钮

（5）进入"交易评价－微店"界面，在该界面买家需要对订单进行评价，输入评价内容之后，点击"发表评价"按钮，如图 8-23 所示。这样，买家就完成了确认收货操作。

▲ 图 8-22　点击"确认收货"按钮

▲ 图 8-23　点击"发表评价"按钮

8.2　发货客户管理

在管理微店过程中，经常需要给订单发货、管理客户等，本节将详细介绍其操作方法，以帮助卖家快速上手，少走弯路。

8.2.1　给订单发货

如果有产品卖出去，卖家的手机会收到微店的提醒，即可开始给订单发货，商家给订单发货的具体操作方法如下。

（1）商家登录微店后，可以看到"微店"APP 首页中的"订单"功能中有数字"1"的提示，此时点击"订单"按钮，如图 8-24 所示。

（2）进入"订单管理"界面，在该界面的"进行中"分类下，可以看到"待发货"列表中有订单显示"待发货"，点击该订单，如图 8-25 所示。

▲ 图 8-24　点击"订单"按钮

▲ 图 8-25　点击需要发货的订单

（3）进入"订单详情"界面，查看该订单的详情情况无误后，点击"发货"按钮，如图 8-26 所示。

（4）进入"发货"界面后，输入快递单号、选中快递公司后，点击"发货"按钮，如图 8-27 所示。这样，商家即完成了给订单发货的操作.

▲ 图 8-26　查看订单详情无误后点击"发货"按钮　　　　▲ 图 8-27　点击"发货"按钮

8.2.2　管理客户

当有客户发送消息给卖家时，微店系统就会给出卖家发出通知，卖家即可进入微店平台管理自己的客户。接下来，将为大家介绍管理客户的操作方法，其具体流程如下。

（1）打开"微店"APP，在首页点击"客户"按钮，如图 8-28 所示。

（2）进入"聊天信息"界面，在该界面商家可以看见买家发送的消息，点击该消息，如图 8-29 所示。

（3）进入相应的聊天界面，商家可以跟买家聊天，回答买家的咨询，如图 8-30 所示。

▲ 图 8-28　点击"客户"按钮　　▲ 图 8-29　点击买家发送的消息　　▲ 图 8-30　回答买家咨询

💡 专家提醒

　　微店商家在管理自己的客户时，要想获得好的管理效果，还需要掌握以下几种管理客户的技巧。

　　（1）巧用短信通知：发货时短信通知，可以增加客户的满意度；货物签收时短信通知，可以使服务更加完善。

　　（2）发货细心：发货时细心检查，保证出货质量，增加客户的信任度；细心包装，让客户更放心。

　　（3）满足客户：尽量满足客户的需求。注意，这里说的是尽量，不是一味地满足客户。对于提出无理要求的客户，商家可以不予理睬，但是这时商家也不要恶语伤人，尽量保持和气，做生意讲的就是和气，即使别人提出的要求不合理，也不要和客户争辩。

8.3　微店客服技巧

　　面对不同客户的不同需求，微店的店主和客服们想要从容面对，就必须修炼出一身过硬的本领。

8.3.1　态度是沟通的关键

　　古人云"和气生财"，这个做生意的黄金法则在什么时候都是适用的。接下来，将为大家介绍一个关于微店与顾客沟通的案例。

　　张小姐在微店上看中了一条围巾，经过反复比较，选中了两家微店：店铺A和店铺B。由于是初次在微店上购物，对微店很不熟悉，因此张小姐考虑得格外仔细，在下单之前想到要先用微信跟两位店主问清楚。

　　在张小姐向两位店主询问是否可以在标定的价格上再给一点儿优惠的时候，店主A的回答是："请看商品详情，里面已经标明了'谢绝还价，否则一概不回复'。"而店主B的回答则是："亲爱的顾客您好，很高兴为您服务。这条围巾的利润已经很低了，您可以和其他店铺的相同商品比较一下，您自己就能看出来我这件已经很低了。这样吧，咱们一回生二回熟，顾客都是上帝，以后您再来我的微店买东西，我都给您打九折可以吗？"

　　听了两位店主的话之后，张小姐毫不犹豫地选择了店铺B的围巾。

　　从上面的案例可以看出，两位微店店主都没有同意顾客的还价要求，但结果却是很不一样的。这是为什么呢？关键就在于店主与顾客沟通时的态度，即"礼貌为重，顾客是上帝"。

　　表8-1中列举了微店客服的一些沟通原则。

表 8-1   微店的沟通原则

沟通原则	解析
保持良好的心态	这个是很重要的原则，因为微店上形形色色的人都有，有时候一些客户就是摆明来刁难客服的。如果遇上这样的客人，客服不要因此影响自己的情绪，做微店客服一定要学会自我调节，面对挑剔的客户，客服们要很耐心地回答他们所提出的问题。有些客户比较多疑，一般是都是怕微店购物看不到实物，不太放心，面对这样的客户，客服要做的就是把微店的产品优劣跟客户说明白，不能只说优点，不要让客户把它想得太完美了，如果他收到的货物跟想象的不一样，可能就会给店铺留下中差评
双方地位平等	微店中买卖双方的地位是平等的，新店也不用以哀求的姿态来对待客户，那样会使人怀疑商品的质量和店铺的专业水平
	高级店铺更不能以专业自居，居高临下的态度会让客户心情不愉快，即使商品没什么问题，恶劣的态度也可能给微店带来中差评
沟通能力和理解能力要强	有些客户说话比较含糊，因此客服需要理解能力强点，实在不行还可以再重复问一遍顾客，这样才能准确地明白客户想表达的是什么意思，从而更快地促成成交
给客户留面子	在买方市场中，买家有着众多的选择机会，购买的不仅仅是商品，也是买家的服务，因此在交易的沟通中，客服一定要照顾到买家的面子，让对方感觉得到了足够的尊重
坚守微店的收益	只要是买家，大多数都比较喜欢杀价，所以微店客服应具备很好的说服能力，把产品的特色、优势、优惠策略、赠品给买家讲解，让他们知道自己的产品本身就是很优惠的，客户主要都是贪便宜的心理，在坚持产品价格底线的情况下，尽可能给客户优惠，让客户知道这个已经是在优惠上再优惠，客户就会感觉赚到便宜了，并会很快下单。当然，沟通时，还得根据不同客户的心理使用不同的策略，但千万不要为了讨好客户而损害了微店的利益

8.3.2　与顾客交流的技巧

和顾客交流时，还可以利用一些小技巧，让顾客在短时间内相信商家或店铺客服的见解，对商家或店铺客服的推荐和介绍表示理解和信任。

1. 售前服务的工作

当买家光顾店铺并打开聊天窗口时，微店卖家可以主动发送消息促使买家购买商品。当接收到顾客发送的第一个消息时，首先要做到的是快速反应，不能让顾客等待超过 10 秒，欢迎语一般如图 8-31 所示。

▲ 图 8-31 微店欢迎语

2. 售中服务的工作

售中主要看卖家、客服个人的交流能力。卖家、客户需要时刻认真面对顾客，体现对顾客的尊重和诚意，在坚持原则的基础上，用顾客喜欢的方式、方法对待他们，并且要站在顾客的立场思考问题，关注顾客需求，提供资讯，帮助顾客更好的了解微店店铺的产品。

（1）对话。

对话环节是顾客对商品了解的一个过程，客服首先要对微店产品有一个深入了解，站在一个专家级别的高度，解答顾客对商品的疑问，可以适当引用一些专业性术语、权威性数字，但在介绍产品的时候，要使用让顾客易于理解的话语。

（2）议价环节。

议价是当前客服工作中最常见最头疼的问题，作为买家，在微店购物过程中讨价还价已经成为大多数人的习惯。对于这些顾客，首先需要声明商品是优质的，销售价格已经是最低了，价格是无法做变动的，这是原则。

通常到这一步，部分顾客不会再在价格上纠缠。如果商家或店铺客服表达该原则后，顾客表现出犹豫不决，那么可以转移顾客注意力，告知其当前店铺有什么优惠活动，或者适当地在运费上给予一些优惠。议价过程的核心思想：告知其商品的价格是无法优惠的，产品质量是有保证的，这是原则；然后结合顾客反应，适当给予一些赠品或者运费优惠，以达成交易。

（3）支付环节。

对于新手买家来说，在支付操作过程中很容易遇到一些问题，如果无法及时达成支付，此时商家或店铺客服要主动联系顾客，以关心的口吻，了解顾客碰到的问题，给予指导，直到顾客完成付款。

对于部分需要优惠运费的订单，在跟买家达成一致后，需要等买家拍下订单，然后修改价格，买家再进行支付。在顾客完成支付后，商家或店铺客服可以说："亲，已经看到您支付成功了，我们会及时为您发货，感谢您购买我们的商品，有任何问题，可以随时联系我们。"

（4）物流环节。

在微店购物过程中，物流是很重要的一个环节，牵动着买卖双方的心。微店客服可以主动询问顾客，根据顾客所在城市，告知顾客发货所用快递。如果遇到很着急的顾客，要求商家或店铺客服保证几天之内必须到货，则可以回复"我们会尽快给您送达的哦，请您耐心等待"等话语。

3. 售后服务的工作

售后的重要性比售前更大，它直接影响着每一个回头客的青睐。售后问题处理的基本流程为：安抚→查明原因→表明立场→全力解决→真诚道歉→感谢理解。

微店退换货通常采用的原则为：商品质量问题，无条件退换货，并由微店承担来回运费；如果是顾客不喜欢，或者尺寸原因，也可以退，但是要顾客承担寄回来的运费和微店当时发货给顾客产生的运费。

在微店交易过程中，大部分顾客都是讲道理的，当然不排除一部分蛮不讲理的。如：明明是自己买的尺寸不合适，偏要说质量有问题，要求退货，或者挑刺说有线头，外观有瑕疵。如果遇到诸如此类的情况，通常不要与顾客发生争吵，首先要求顾客拍照，提供证据照片，属于商品本身质量问题的，按照退换货流程处理；不属于商品质量问题，仅是外观、包装有瑕疵此类的，跟顾客合理解释，告知其不属于质量问题，不影响正常使用，如果顾客实在不喜欢，也可以退货退款，不过要顾客自己承担来回运费。

💡 **专家提醒**

　　需要注意的是，在任何情况下，都不能与顾客发生争吵，要合理表达观点。当完成交易后，要有对应的欢送语，并引导顾客对微店做出好评。另外，沟通过程中应尽量避免使用否定词，如不能、没有、不可以之类；如果使用否定词，一定要加解释。

8.3.3　留住顾客并引导购买

罗马不是一天建成的，好的微店也要经过时间的沉淀。买卖的成交和好评信誉，直接影响着微店店铺的好坏，而客服对微店销量的提升起着重要的作用。那么，微店客服如何用心留住买家并引导他们完成购买？

建议微店店主和客服应在沟通中善待客户，尽一切努力去满足顾客的要求，不仅是为了顺利达成交易，也是为了给顾客一个好印象，希望以后可以长期在店内消费，更希望老顾客可以引来更多的新顾客，也就是希望实现顾客为店铺做推广的愿望。一般情况下，想要留住顾客并引导购买，可以从以下几个方面入手。

1. 询盘顾客微信咨询

针对买前喜欢先咨询的顾客，微店客服一定不要吝啬自己的文字，微信的自动回复功能一定要利用，无论商家或店铺客服在不在电脑前，都要设置自动回复，这样顾客就可以第一时间收到卖家的回复。

通常情况下，自动回复可以设置两条，一条是直接回复首次询盘的顾客，一条是顾客等待过久时解释一下是客服正忙的回复。两条轮播设置，也可以营造忙碌接待诸多顾客的"假象"。

另外，针对以砍价开场的顾客，卖家不要生硬地回复"不议价不包邮"，那样的话没几个愿意留下来的，特别是服装这种不是必需的商品。卖家要绕开价格话题，先帮顾客查询一下是否有库存，然后引导顾客深入了解产品，了解的多了，顾客觉得值了，他还价的幅度也会降低很多。

2. 引导顾客坚定购买信心

对于一些不太熟悉微店的顾客，咨询的时候，问题可能会显得莫名其妙，比如"我送妈妈这件衣服会不会显得太老？""这件衣服的尺寸是不是适合我？"

这时先不要忙着给答案，首先要明白顾客看中的究竟是哪件商品，顾客的自身情况又是什么样的，在把现实情况了解全面之后，再对顾客的问题给出参考性的意见。确定好顾客选中的颜色尺码，在有货的情况下再进行下一步，以免浪费半天时间结果没货，顾客会心生厌倦。

确定好后顾客自然会针对商品提出问题，虽然宝贝描述已经十分详细，卖家与客服也不能让顾客自己去看描述，有时候顾客明明看到产品的成分、面料、尺码等的描述，可还是习惯去问客服，特别是女性顾客。这个时候客服一定不能搪塞，要针对顾客的提问做出中肯的答复，让顾客感到商家或店铺客服对商品很有信心，并且很负责有耐心，良好的开端就奠定了下一步继续沟通的基础。

💡 **专家提醒**

对于不同年龄不同身份的顾客，在沟通时应该尽量保持和顾客相同的谈话方式。假如微店是卖亲子装，面对的顾客是一位妈妈时，客服就应该用比较成熟的语气从妈妈的角度来为顾客提供相关的建议，这样才能赢得顾客的信赖。如果客服自己表现得像个孩子，则很可能会引起顾客的怀疑，认为商家或店铺客服的推荐不够成熟。

3. 应及时跟进顾客完成付款

如果遇到顾客拍下宝贝不付款的情况，微店卖家和客服应主动联系，并针对不同想法或做法的顾客采取不同的引导策略，如表 8-2 所示。

表 8-2　　　　　　　　　　顾客拍下宝贝不付款的应对方法

不同顾客	引导策略
先是想买的，拍下后，又在网上比价，犹豫不定的顾客	可以给他小小的优惠，比如送小礼品等，吸引他付款。稍冲动点的顾客就懒得再去网上对比了，会直接付款
顾客最后在别家付了款	针对这些顾客，也要注意礼貌，可以婉转地请教他为什么不买，如果是店铺的原因，后续可以对店铺进行调整；也可以适当地指出本产品和同行的优势和亮点，使顾客产生惋惜之情，也许他下次再买就会找商家或店铺客服了
有心要买的顾客	提醒他及时付款即可。当顾客拍下一样商品后，如果许久仍未付款，可以以审核地址的理由试探性地问："亲，还在吗？收货地址电话没有错吧？"这样联系顾客就等于间接地提醒他付款

4. 付款完成承诺发货与售后

每一位拍下宝贝的顾客都是很急切地想看到商品的，能了解这个心情自然能站在顾客角度去回复每句话，但是有时候卖家知道库存会有突然变更的情况，但这个时候跟顾客讲那么多没有用，只要告诉顾客有货的情况下一定能当天发走，等到真遇见缺货或者突然断码的情况，也能跟顾客解释是有货的时候当天能发，不排除意外，这样也好做后续解释工作。此时，只要让顾客感觉到放心、安心就可以了。

💡 **专家提醒**

商品的发货方式和发货时间如果存在特殊的地方，一定要在交易前与顾客沟通好。例如，平邮与快递的时间差距以及卖家能够发货的时间。发货时要仔细核对订单，哪个买家购买的什么商品，买了多少，都要清晰准确，千万不能发错或者漏发。

5. 温柔贴心的问候为交易画上完美句号

在发货前，客服可以与顾客确认下收货地址，让顾客感到微店客服的认真负责，最后别忘记贴心的问候，仿佛老朋友一样，而不是单纯的买卖，相信没有哪个顾客可以拒绝这样温柔的客服。

总之，微店客服应始终保持愉快轻松的心态来面对每一个顾客，不要因为忙碌而忽视了顾客的心理需要。有时候，顾客买的不仅仅是一件商品，还有交流的乐趣，以及被重视的感动。

💡 专家提醒

　　微店中的沟通主要是对交易中不清楚的内容进行咨询，寻找答案。既然是为了解决疑问，一般情况下，只要卖家或客服将商品的具体情况如实介绍给顾客，注意沟通方式，使用一些沟通技巧，相信最终达成交易的可能性还是很大的。

8.4　微店订单管理

订单管理是经营微店的重要部分，可以在微店中的"订单管理"界面对店铺的订单进行管理。在订单管理中，主要包括进行中、已完成、已关闭 3 个部分的订单。接下来，将为大家介绍微店订单管理相关的内容。

8.4.1　进行中订单

在进行中的订单中，又包括了 4 部分的内容，分别是：待发货、待付款、已发货、退款中。这 4 个部分的内容下包含了不同的订单信息，接下来将详细介绍这 4 部分的内容。

1. 待发货

当有顾客在商家的微店下单，并且付款后，"待发货"分类下就会显示买家的订单。卖家可以在"待发货"分类下对订单进行发货操作。前面小节中已经介绍了给订单发货的操作，这里不再赘述。

2. 待付款

待付款的订单，是指买家拍下商家店铺中的商品后，因为一系列原因导致没有付款的订单。当店铺出现待付款订单后，商家可以对该订单进行查看，了解买家没有付款的原因。接下来，将为大家介绍查看待付款订单的操作方法，其具体流程如下。

（1）在"微店"APP 首页点击"订单"按钮，进入"订单管理"界面，如图 8-32 所示。

（2）在该界面的"进行中"分类下点击"待付款"分类栏，进入相应的界面，即可看见待付款的订单，如图8-33所示。

▲ 图8-32 "订单管理"界面

▲ 图8-33 未付款订单

（3）商家如果想要弄清楚买家为什么没有付款，或者提醒买家付款，可以点击未付款订单，如图8-34所示。

（4）进入"订单详情"界面，点击"提醒买家付款"按钮，如图8-35所示。

▲ 图8-34 点击未付款的订单

▲ 图8-35 点击"提醒买家付款"按钮

（5）在弹出的"提醒买家付款"提示框中，有"添加微信"和"提醒付款"两个选项，如图 8-36 所示，商家可以以这两种方式中的任意一种提醒买家付款。

商家在选择提醒买家付款方式的时候，不同的方式，提醒的形式会不一样。"添加微信"方式，商家需要添加买家的微信；而"提醒付款"方式，则会直接复制付款说明，然后商家可以将付款说明通过微信、QQ、短信的形式发送给买家

▲ 图 8-36 "提醒买家付款"提示框

要提醒的是：如果买家在付款的中途关闭了付款页面，那订单会立即关闭；如果未关闭付款页面，买家就还拥有一定的付款时间，如果在付款时间内买家没有付款，系统就会自动关闭订单。

> 💡 **专家提醒**
>
> 　　当遇到待付款订单时，商家可以去了解未付款订单详情，但不要立马就去催促买家付款，可以稍微等一段时间，例如半个小时，如果半个小时过去了买家还没有付款，那么商家就可以提醒买家付款了。
> 　　在提醒买家付款的时候，语气尽量委婉一些，弄清楚买家未付款的原因，然后根据买家未付款的原因采取相应的解决措施，尽可能地让买家完成付款。

3. 已发货

已发货订单，指的是买家拍下商品之后，商家已根据订单给顾客发货的订单。商家查看已发货订单，可以掌握订单的物流情况，从而及时提醒买家收货。接下来，将为大家介绍查看已发货订单的操作方法，其具体流程如下。

（1）在"微店"APP 首页点击"订单"按钮，进入"订单管理"界面，如图 8-37 所示。

（2）在该界面的"进行中"分类下的"已发货"分类栏，点击"已发货"按钮，进入相应的界面，即可以看见已发货的订单，如图 8-38 所示。

▲ 图 8-37　"订单管理"界面

▲ 图 8-38　查看已发货的订单

4. 退款中

退款中的订单，指的是买家在下单后，由于种种原因需要退款，商家同意退款后，正在进行退款的订单。对于微店商家来说，退款的订单会对店铺的综合得分有影响，因此要尽量减少店铺的退款订单。查看退款中订单的操作流程如下。

（1）在"订单管理"界面，点击"进行中"分类下的"退款中"按钮，如图 8-39 所示。

（2）进入相应的界面，如图 8-40 所示。商家如果有正在退款中的订单，那么该界面就会显示出来；如果没有，就会显示"你还没有退款中订单"。

▲ 图 8-39　点击"退款中"按钮

▲ 图 8-40　"退款中"界面

8.4.2 已完成订单

"已完成"订单管理界面显示的是已经完成的订单，即卖家已经发货，并且买家已经确认收货、评论的订单。查看自己店铺中已完成订单的操作流程如下。

（1）在"微店"APP 首页点击"订单"按钮，进入"订单管理"界面，然后点击"已完成"按钮，如图 8-41 所示。

（2）进入订单管理中的"已完成"界面，即可看见店铺中已经完成的订单，如图 8-42 所示。

▲ 图 8-41　点击"已完成"按钮

▲ 图 8-42　查看已完成订单

8.4.3 已关闭订单

已关闭订单，指的是买家拍下订单后，由于各种原因，被买家自己或商家关闭了的订单。查看自己店铺中已关闭订单的操作流程如下。

（1）在"微店"APP 首页点击"订单"按钮，进入"订单管理"界面，然后点击"已关闭"按钮，如图 8-43 所示。

（2）进入订单管理中的"已关闭"界面，即可看见自己店铺中所有已关闭的订单，如图 8-44 所示。

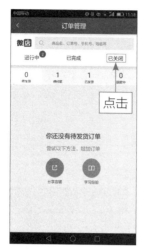

▲ 图 8-43　点击"已关闭"按钮

▲ 图 8-44　查看已关闭订单

8.4.4　搜索订单

商家如果要查看某一个订单，可以直接在"订单管理"界面中的搜索栏中搜索订单。接下来，将为大家介绍搜索订单的操作方法，其具体流程如下。

（1）在"微店"APP 首页点击"订单"按钮，进入"订单管理"界面，然后点击" Q "按钮，如图 8-45 所示。

（2）进入相应的界面后，在搜索框中输入商品名、姓名等搜索信息，这里以输入买家姓名为例，然后点击"搜索"按钮，如图 8-46 所示。

（3）此时即可出现符合要求的订单，如图 8-47 所示。

▲ 图 8-45　点击" Q "按钮

▲ 图 8-46　点击"搜索"按钮

▲ 图 8-47　符合要求的订单

8.4.5　查看客户资料

在微店平台上，商家如果要查看下单客户的资料，可以在"订单详情"界面进行查看。在待发货、待付款、已发货、退款中几种情况的订单下，都可以查看客户的资料。接下来将以查看待发货订单中的客户资料为例，介绍查看客户资料的操作方法，其具体流程如下。

（1）进入"订单管理"界面，点击"进行中"分类下的"待发货"订单，如图8-48所示。

（2）进入"订单详情"界面后，点击"查看资料"按钮，如图8-49所示。

（3）进入"客户详情"界面，如图8-50所示，即可查看客户的详细资料。

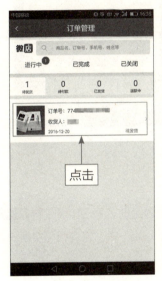

▲ 图8-48　点击"待发货"订单

▲ 图8-49　点击"查看资料"按钮

▲ 图8-50　"客户详情"界面

8.4.6　复制与分享订单

在"微店"APP中，有一个复制订单的功能。在微店订单中，无论是待发货订单、待付款订单、已发货订单，还是退款中订单，都具有这一功能，该功能对于微店商家管理订单非常有利。例如，买家在商家店铺中下单后，商家可以借助这个功能，将订单情况复制给买家，便于买家确认订单信息是否无误。

接下来将以待发货订单为例，介绍复制与分享订单的操作方法，其具体流程如下。

（1）在"订单详情"界面，点击"复制订单"按钮，如图8-51所示。

（2）在弹出的"订单信息"框中，如图8-52所示，可以点击微信好友、QQ好友等按钮，将订单信息复制并分享给买家。

▲ 图8-51　点击"复制订单"按钮

▲ 图8-52　"订单信息"框

8.5　微店客户管理

管理好自己店铺的客户，是每一个微店商家必须要做好的一项工作。只有管理好客户，才能更好地开发客户，将其转变为店铺的消费者。接下来，将介绍微店客户管理相关的内容。

8.5.1　查看全部客户

微店商家要管理自己店铺的客户，就要清楚地知晓自己微店里拥有多少客户。商家可以在微店的"客户"功能中查看自己微店的全部客户。接下来，将为大家介绍查看微店客户的操作方法，其具体流程如下。

（1）打开"微店"APP，在微店首页选中"客户"选项，如图8-53所示。

（2）进入"聊天消息"界面后，点击"客户"按钮，如图8-54所示。

（3）进入"客户管理"界面，点击"全部客户"按钮，如图8-55所示。

（4）进入"全部客户"界面，如图8-56所示，可以看见"总交易额""最近购买""购买次数"三个分类，商家可以按照不同的分类查看自己店铺中的全部客户。

▲ 图 8-53 选中"客户"选项

▲ 图 8-54 点击"客户"按钮

▲ 图 8-55 点击"全部客户"按钮

▲ 图 8-56 "全部客户"界面

8.5.2 寻找潜在客户

对于微店商家来说，除了那些已经在店铺购买过东西的客户之外，还会拥有一批潜在的客户。对于这些客户资源，如果能够充分挖掘的话，对商家来说将会是一笔巨大的财富。

微店商家要利用好潜在客户，最开始要做的就是寻找到自己店铺的潜在客户。在微店平台的客户功能中，有一个"潜在客户"分类栏，商家可以先去该分类栏下看看自己的店铺中，有没有潜在客户。接下来，将为大家介绍查看微店平台潜在客户的操作方法，其具体流程如下。

（1）在"客户管理"界面点击"潜在客户"按钮，如图8-57所示。

（2）进入"潜在客户"界面，如图8-58所示。如果商家的微店拥有潜在客户，该界面就会显示潜在客户的信息，商家需要好好挖掘、维护这部分潜在客户。

▲ 图 8-57 点击"潜在客户"按钮

▲ 图 8-58 "潜在客户"界面

除了直接显示在"潜在客户"分类栏中的客户之外，也可以将那些在自己店铺中下了单，但是没有付款的买家，作为自己的潜在客户，而且，这部分的客户相对于其他客户来说，更容易被开发。

另外，还可以根据自己经营的商品种类，主动去各种社交平台寻找商品受众。例如，如果商家经营的是护肤产品，那么就可以到各种护肤论坛、贴吧、网站发帖、留言，寻找客户。这些平台上的用户都是对护肤感兴趣或者有需求的，他们就会是商家的潜在客户，而且还是精准的潜在客户。

💡 专家提醒

微店商家寻找潜在客户的方法有很多种，除了上述方法之外，还可以采用一些常用的引流方法去寻找潜在客户，例如视频引流、直播平台引流、地推引流等。

8.5.3　给客户添加标签

微店商家在管理自己客户的时候，为了拥有更好的管理效果，可以对自己店铺的客户进行分类化管理。要进行分类化管理，商家需要给自己的客户添加标签，将同一标签的买家放在一起管理，这样不仅能够便于管理，还能给不同标签的客户提供他们最需要的服务。

微店平台上有一个"标签"功能，商家可以借助该功能给自己店铺的客户添加标签。接下来，将为大家介绍给客户添加标签的操作方法，其具体流程如下。

（1）在"客户管理"界面点击"标签"按钮，如图 8-59 所示。

（2）进入"标签"界面后，点击" + "按钮，如图 8-60 所示。

（3）进入"新建标签"界面后，在"标签"下的输入框中输入标签名称后，点击"添加客户"按钮，如图 8-61 所示。

▲ 图 8-59　点击"标签"按钮

▲ 图 8-60　点击" + "界面

▲ 图 8-61　点击"添加客户"按钮

（4）进入"添加客户"界面后，选中符合标签的买家，然后点击"完成"按钮，如图 8-62 所示。

（5）此时返回到"新建标签"界面，可以看见添加了标签的客户，然后点击"完成"按钮，如图 8-63 所示。这样，商家就可以完成给客户添加标签的操作。

▲ 图 8-62　选中符合标签的买家后点击"完成"按钮　　▲ 图 8-63　点击"完成"按钮

8.5.4　锁定核心客户

微店商家要管理客户，就绝对不能忽视自己店铺中的核心客户。对于微店商家来说，发掘一个新客户所需耗费的时间和精力，可能会比维护好一个核心客户还要多。

锁定、维护好自己的核心客户，尽可能地挖掘核心客户的价值是非常有必要的，有时候一个核心客户，可能会给商家带来更多的客源。微店商家要锁定自己店铺的核心客户，首先就需要清楚哪种客户才算得上是店铺的核心客户。微店商家可以将那些近期在自己店铺中有过交易记录，且购买次数多的买家作为自己店铺的核心客户。

在微店平台的"客户管理"中，有一项专门的"核心客户"分类，商家可以在该分类中查看自己店铺的核心客户。接下来将介绍查看店铺核心客户的操作方法，其具体流程如下。

（1）在"客户管理"界面点击"核心客户"按钮，如图 8-64 所示。

（2）进入"核心客户"界面，如图 8-65 所示。如果商家的店铺中有符合核心客户要求的买家，那么该买家的信息就会出现在该界面。

▲ 图 8-64　点击"核心客户"按钮

▲ 图 8-65　　"核心客户"界面

第9章

微店分享，一键分享吸引顾客

学前提示

在微店平台上，商家可以成为微店分销商代理微店货源，借助微店代购助手轻松拥有海外货源，也可以加入各种微店商会，学习店铺经营方法。本章将介绍微店分销、微店代购助手和加入微店热门商会相关的内容，来帮助商家轻松吸引更多顾客。

要点展示

>>> 代理微店货源

>>> 微店代购助手

>>> 加入热门商会

9.1　代理微店货源

微店平台为每一个入驻的商家提供了货源，每一个入驻微店的商家都可以直接代理微店平台的货源，成为分销商，轻松赚取佣金，这使得商家开店成为了一件非常简单的事情。接下来，将为大家介绍代理微店货源相关的内容。

9.1.1　搜索商品或品牌

在微店平台的"货源"功能中，商家可以寻找各种各样的货源进行代理。商家在寻找代理货源的时候，可以采用两种方法搜索商品或品牌，一种是通过搜索栏进行搜索，另一种是通过"找品牌"功能进行搜索。接下来，将详细介绍通过两种不同的方法搜索商品或品牌。

1. 通过搜索栏搜索

通过搜索栏搜索自己想要代理的商品或品牌是一种比较直接的方法，它能够帮助商家快速找到自己想要寻找的商品，但前提是商家必须清楚自己要搜索的商品类型或品牌名称。接下来，将为大家介绍其操作方法，其具体流程如下。

（1）在"微店"APP 的首页选中"货源"选项，进入"货源"界面，点击界面最上方的搜索框，如图 9-1 所示。

（2）进入"货源 - 搜索"界面，如图 9-2 所示。

▲ 图 9-1　点击搜索框

▲ 图 9-2　"货源 - 搜索"界面

（3）在该界面商家可以直接进行商品搜索，也可以选择搜索商品。以搜索商品为例，商家需要在搜索栏中输入商品关键词进行搜索，这里输入"女式羽绒服"，输入完成后点击"搜索"按钮，如图9-3搜索。

（4）进入"货源－商品搜索"界面，如图9-4所示。在该界面，可以看见各种类型的女式羽绒服，商家可以选择自己认为最合适的商品进行代理。

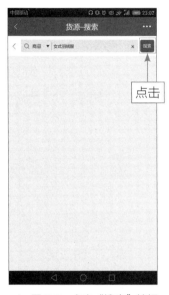

▲ 图9-3 点击"搜索"按钮

▲ 图9-4 "货源－商品搜索"界面

💡 专家提醒

商家如果要在搜索框中搜索品牌的话，只需点击"货源－搜索"界面中的"商品"字样旁的"▼"，然后在出现的选项中选中"品牌"选项，如图9-5所示，就可以直接在搜索框中搜索商品品牌。

▲ 图9-5 选中"品牌"选项

2. 通过"找品牌"搜索

微店商家要寻找商品货源，除了使用搜索框直接搜索之外，还可以通过"找品牌"

功能查找。通过"找品牌"功能查找，商家可以直接搜索各种品牌的商品，查找由微店专业团队运营的店铺的商品，也可以直接查找到各个品牌的商品。

接下来，将为大家介绍通过"找品牌"功能搜索商品或品牌的操作方法，其具体流程如下。

（1）在"微店"APP的首页选中"货源"选项，进入"货源"界面，点击"找品牌"按钮，如图9-6所示。

（2）进入"货源－品牌店铺"界面后，可以看见各种微店官方自营店铺和品牌商品的店铺，如图9-7所示，商家可以在这些品牌店铺中挑选自己想要代理的商品品牌。

▲ 图9-6 点击"找品牌"按钮　　　▲ 图9-7 微店官方自营店铺和品牌商品店铺

9.1.2 一键成为代理

前面章节中曾提到过，在微店平台上，商家可以直接代理平台提供的货源。商家成为代理人后不需要自己囤货，也不用自己发货，只需负责商品出售就好，整个代理过程简单又方便。

商家在选择代理商品的时候，可以只代理一家店铺的一种商品，也可以代理一家店铺中的所有商品；可以只代理一家店铺的商品，也可以同时代理多家店铺的商品。接下来，将以代理一家店铺中的一件商品为例，为大家介绍快速成为平台代理的操作方法，其具体流程如下。

（1）在微店的"货源"功能中，选中一家店铺，如图9-8所示。

（2）进入该店铺后，商家在店铺中挑选一件自己最想代理的商品，然后点击商品下方的"我要代理"按钮，如图9-9所示。

（3）即可成功代理该商品，如图9-10所示。

▲ 图9-8　选中要代理的店铺　▲ 图9-9　点击"我要代理"按钮　▲ 图9-10　成功代理一件商品

9.1.3　分销商品管理

商家在代理他人店铺的商品之后，就需要对代理的商品进行管理。例如，对代理的商品进行价格修改，对代理的商品进行分类，取消对那些销售业绩不好的商品的代理，联系代理的商品的供应商，对商品进行图文推广，等等。

💡 **专家提醒**

　　需要注意的是，商家在对代理的商品进行改价的时候，要看商品的供货商是否允许改价，如果供货商允许更改价格，那么商家就可以调整自己代理的商品的价格；如果供货商不允许改价，那么商家只能按照供应商给出的价格出售商品。

接下来，将分别以给代理商品进行分类和取消商品代理为例，示范管理分销或者代理商品的操作方法。

1. 给代理商品进行分类

有时候，商家代理的商品种类比较多，比较杂乱，为了管理起来更加方便，微店商家可以对自己代理的商品进行分类，从而可以更加有条理地管理代理的商品。接下来将为大家介绍商品分类的操作方法，其具体流程如下。

（1）在"微店"APP的首页选中"货源"选项，进入"货源"界面，点击"管理"按钮，如图9-11所示。

（2）进入"分销商品管理"界面，如图9-12所示。

▲ 图9-11　点击"管理"按钮

▲ 图9-12　"分销商品管理"界面

（3）点击"商品分类"按钮，如图9-13所示。

（4）在出现的相应的分类栏中，点击商品对应的分类栏，如图9-14所示。执行此操作后，商家就可以将代理的商品放入对应的分类栏中。

▲ 图9-13　点击"商品分类"按钮

▲ 图9-14　点击"儿童书籍"分类栏

💡 **专家提醒**

需要注意的是，商家在进行代理商品分类时，首先需要确保自己已经创建好了相应的分类栏。如果没有创建分类栏，就需要先在"商品"功能中的"分类"功能中进行分类创建。

2. 取消代理商品

微店商家如果觉得某一件代理的商品销售量不好，跟自己店铺经营的其他商品不属于同一个类目，或者商品没有库存了，可以取消对该商品的代理。接下来，将为大家介绍取消代理商品的操作方法，其具体流程如下。

（1）在"微店"APP的首页选中"货源"选项，进入"货源"界面，在该界面点击"管理"按钮，如图9-15所示。

（2）进入"分销商品管理"界面后，点击"取消"按钮，如图9-16所示。

（3）在弹出的相应的提示框中，点击"确定"按钮，如图9-17所示。这样即可取消对该件商品的代理，同时，"分销商品管理"界面中将不再显示该商品。

▲ 图9-15　点击"管理"按钮　　　▲ 图9-16　点击"取消"按钮　　　▲ 图9-17　点击"确定"按钮

9.1.4　货源消息管理

在微店平台的"货源"功能中，有一个"消息"功能，在这里商家可以查看、管理自己代理了商品的店铺推送的各种消息，实时掌控这些供货商店铺的新动态。接下来，将为大家介绍在"消息"功能中查看、管理货源消息的操作方法，其具体流程如下。

（1）在"微店"APP的首页选中"货源"选项，进入"货源"界面，点击"消息"按钮，如图9-18所示。

（2）进入"消息"界面，如图9-19所示。在该界面，商家可以看见自己代理了商品的店铺推送的各种消息，还可以对这些消息进行分享。

▲ 图9-18　点击"消息"按钮

▲ 图9-19　"消息"界面

9.1.5　关注优质账号

对于微店商家来说，掌握越多有用的货源消息就会越有利。要掌握这些货源信息，除了从其他平台或自己的人际关系之外，还可以借助微店平台来实现这一目的。商家可以多关注一些优质的供货商账号，时刻关注他们的消息与动态，这对于商家获取有用货源信息会有很大的帮助。

商家可以通过微店平台的"货源"功能中的"发现"功能关注优质的供货商账号。其具体操作流程如下。

（1）在"微店"APP的首页选中"货源"选项，进入"货源"界面，点击"消息"按钮，如图9-20所示。

（2）进入"消息"界面，点击"发现"按钮，如图9-21所示。

（3）进入"发现/推荐账号"界面，在该界面可以看见各种优质的供货商账号，商家可以挑选一些自己想要关注的账号并点击账号后方对应的"加关注"按钮，如图9-22所示。

（4）至此，商家就成功关注了该账户，如图 9-23 所示。

▲ 图 9-20　点击"消息"按钮

▲ 图 9-21　点击"发现"按钮

▲ 图 9-22　点击"加关注"按钮

▲ 图 9-23　成功关注账号

9.1.6　我的分销管理

当微店商家代理了他人的商品，就相当于开启了分销模式。商家开启分销模式之后，就需要对自己的分销进行管理，从而更好地进行商品分销。商家可以通过微店的"货源"功能实现分销管理。接下来，将为大家介绍分销管理这一部分的内容。

1. 设置个人信息

微店商家要想更好地进行分销，就要设置自己的分销信息，设置个人分销信息，能够使他人更了解自己，更加信任自己。接下来，将为大家介绍完善个人信息的操作流程，具体如下。

（1）在"微店"APP的首页选中"货源"选项，进入"货源"界面，点击"我的"按钮，如图9-24所示。

（2）进入"我的分销"界面后，点击"设置"按钮，如图9-25所示。

（3）进入"个人设置"界面，在该界面设置自己的相关信息后，点击"保存"按钮，如图9-26所示。这样，商家即完成了个人分销信息的设置。

▲ 图9-24　点击"我的"按钮　　　▲ 图9-25　点击"设置"按钮　　　▲ 图9-26　点击"保存"按钮

2. 查看我的店铺

商家在进行分销相关信息管理的时候，还可以在"我的分销"界面中，查看自己的店铺，这样就可以非常便捷地了解自己店铺中经营的商品。

3. 查看合作管理

如果微店商家在微店平台上提交过成为供应商申请，或者与其他商家提出过分销申请，那么就还需要进行合作管理。商家要进行合作管理，就要查看合作管理相关的信息。

4. 申请功能试用

微店商家在进行我的分销管理的时候，还可以申请供应商功能试用，但是商家需要达到一定的试用条件之后才可以申请供应商功能的试用。需要注意的是，商家申请供应商功能试用之后，将不能作为平台分销商代理其他店铺的商品。

5. 分销商必看

微店商家要分销商品的话，就必须清楚微店平台分销相关的信息，这也是商家进行分销管理必须要掌握的一点。在微店货源中的"我的分销"界面，可以通过"分销商"功能查看与微店商家分销相关的内容。

9.2 微店代购助手

除了可以在微店"货源"功能中获得货源之外，微店平台还为广大商家提供了微店代购助手功能，商家同样可以通过微店代购助手功能，获取更多的商品货源，但要依法纳税。微店平台，为广大商家提供了法国代购助手、日本代购助手、韩国代购助手、澳大利亚代购助手这4种类型的微店代购助手功能。

接下来，将为大家介绍这4种代购助手相关的内容。

9.2.1 法国代购助手

法国代购助手是由微店平台与PPbuyer合作，为法国地区的微店商家推出的一项功能。商家通过该功能，可以轻松地将法国的任意一件商品导入到自己的微店进行售卖。在使用法国代购助手之前，需要对该功能有一定的了解。图9-27所示为法国代购助手服务详情，商家需要认真阅读该服务详情，这样才能更好地使用该功能。

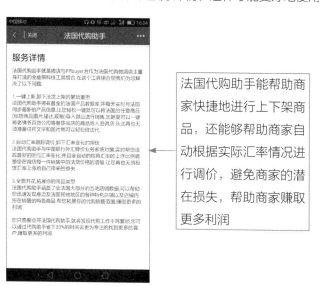

法国代购助手能帮助商家快捷地进行上下架商品，还能够帮助商家自动根据实际汇率情况进行调价，避免商家的潜在损失，帮助商家赚取更多利润

▲ 图9-27 法国代购助手服务详情

商家如果要开通法国代购助手功能，在"服务"界面点击"法国代购助手"按钮，然后根据系统提示操作即可，这里不再进行详细介绍。

9.2.2　日本代购助手

日本代购助手，是由微店平台与 PPbuyer 合作，为日本地区的微店商家推出的一项功能。商家通过该功能，可以轻松地将日本的商品上架到自己的微店进行售卖。同法国代购助手一样，该功能够帮助商家快捷、方便地进行商品上下架；根据实际汇率情况追踪汇率变化，并且按照上浮比例调整店铺的商品价格；帮助商家及时发现日本地区的特色商品，轻轻松松做日本代购。

要开通日本代购助手功能，在"服务"界面点击"日本代购助手"按钮，然后根据系统提示操作即可，这里不再进行详细介绍。

9.2.3　韩国代购助手

韩国代购助手，汇集了韩国各地区最全面的商品信息库，商家使用该功能，能够将这些商品信息库中的商品一键导入到自己的微店，可以有效地帮助商家提高自己的工作效率，使商家的代购生意进行起来更加方便。在使韩国代购助手之前，需要对该功能有一定的了解，图 9-28 所示为韩国代购助手服务详情。

商家如果要开通韩国代购助手功能，在"服务"界面点击"韩国代购助手"按钮，然后根据系统提示操作即可，这里不再详细介绍。

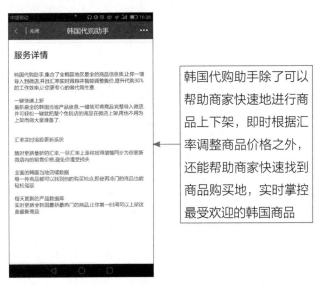

韩国代购助手除了可以帮助商家快速地进行商品上下架，即时根据汇率调整商品价格之外，还能帮助商家快速找到商品购买地，实时掌控最受欢迎的韩国商品

▲ 图 9-28　韩国代购助手服务详情

9.2.4　澳大利亚代购助手

澳大利亚代购助手，是由微店平台与 PPbuyer 合作，为澳大利亚地区的微店代

购商家推出的一项功能。商家通过该功能，可以轻松地将澳大利亚的商品加入到自己的微店。利用澳大利亚代购助手，商家可以不再需要文字跟图片，轻松做澳大利亚代购；该助手功能还能帮助商家自动进行汇率跟踪、调整价格，减少商家因汇率变化而产生的困扰；另外，使用该功能，商家还可以轻松发现更多澳大利亚好商品，帮助商家扩展代购销售范围。

要开通澳大利亚代购助手功能，在"服务"界面点击"澳大利亚代购助手"按钮，然后根据系统提示操作即可，这里不再详细介绍。

9.3　加入热门商会

微店商家要想获得更多的客户，就需要不断地提升自己经营店铺的能力。商家要提升、丰富自己经营店铺的经验，除了可以在经营过程中自我总结经营经验之外，还可以通过加入一些热门的商会，在这些商会中获取经验。接下来，将为大家介绍微店平台上几种比较热门的商会。

9.3.1　微店拼团

在微店平台的"商会"功能中，拥有很多的商会，其中包括了"微店拼团"商会，该商会中汇聚了大量的微店商家。在"微店拼团"商会中，有商家分享的跟微店拼团相关的内容，以及商家得出的与微店拼团相关的经验。接下来，将为大家介绍加入"微店拼团"的操作方法，其具体流程如下。

（1）在"微店"APP的首页点击"商会"按钮进入"微店商会"界面，点击"更多商会"按钮，如图9-29所示。

▲ 图9-29　点击"更多商会"按钮

（2）进入"微店商会 / 热门板块"界面，在该界面找到"微店拼团"商会并选中它，如图 9-30 所示。

（3）进入"微店拼团"界面后，点击"关注"按钮，如图 9-31 所示，这样商家就可以加入"微店拼团"商会。

▲ 图 9-30　选中"微店拼团"商会

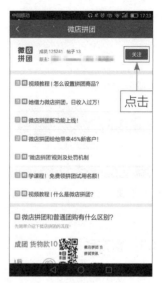

▲ 图 9-31　点击"关注"按钮

9.3.2　经验分享

对于每一个微信商家来说，积累经营微店的经验就相当于积累了一笔宝贵的财富。而"经验分享"商会，就正是一个蕴藏着无限宝藏的地方，这里聚集了无数的微店商家，他们将自己经营店铺的经验和心得分享出来，众人之间互相分享，互相学习，互相进步。微店商家如果想要学到更多经营店铺、吸引顾客的方法，加入"经验分享"商会，将是一个不错的选择。

接下来，将为大家介绍加入"经验分享"商会的操作方法，其具体流程如下。

（1）在"微店"APP 的首页点击"商会"按钮进入"微店商会"界面，选中"经验分享"选项，如图 9-32 所示。

（2）进入"经验分享"界面后，点击"关注"按钮，如图 9-33 所示，这样商家就能加入"经验分享"商会。

▲ 图9-32 选中"经验分享"选项

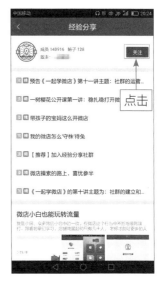

▲ 图9-33 点击"关注"按钮

9.3.3 官方动态

在经营微店店铺的时候，微店商家要时时关注微店官方平台的消息，这样才能实时掌握平台的最新动态，还能学到一些微店平台给出的店铺经营方法。商家要及时掌握微店官方的动态，可以加入"官方动态"商会，这个商会就相当于是一个微店社区，商家可以在这里了解平台的动态，学习店铺运营技巧，对商家经营微店是非常有帮助的。

接下来，将为大家介绍加入"官方动态"商会的操作方法，其具体流程如下。

（1）在"微店"APP的首页点击"商会"按钮进入"微店商会"界面，点击"更多商会"按钮，如图9-34所示。

（2）进入"微店商会/热门板块"界面后，找到"官方动态"商会并选中它，如图9-35所示。

（3）进入"官方动态"界面后，点击"关注"按钮，如图9-36所示，这样商家就可以成功加入"官方动态"商会。

▲ 图9-34 点击"更多商会"按钮

▲ 图 9-35　选中"官方动态"按钮

▲ 图 9-36　点击"关注"按钮

9.3.4　学生汇

微店的兴起，使得越来越多的人加入到微店创业的行列中，其中不乏学生群体。在微店平台中的商会中，就有一个属于学生的商会，它叫"学生汇"。在"学生汇"商会中，商家可以自由发帖、自由讨论，也能够相互学习、交流，是一个属于学生商家的小天地。接下来，将为大家介绍加入"学生汇"商会的操作方法，其具体流程如下。

（1）在"微店"APP 的首页点击"商会"按钮进入"微店商会"界面，点击"更多商会"按钮，如图 9-37 所示。

（2）进入"微店商会 / 热门板块"界面后，找到"学生汇"商会并选中它，如图 9-38 所示。

（3）进入"学生汇"界面后，点击"关注"按钮，如图 9-39 所示，这样商家就可以成功加入"学生汇"商会。

▲ 图 9-37　点击"更多商会"按钮

▲ 图 9-38　选中"学生汇"按钮　　　　　　▲ 图 9-39　点击"关注"按钮

9.3.5　辣妈帮

除了学生群体之外，微店的主力军之中还有一个庞大的群体，那就是辣妈们。这是一个庞大的群体，其成立的"辣妈帮"商会也发展成了微店商会中人数最多的商会之一。对于辣妈商家来说，加入"辣妈帮"是非常有必要的。商家加入"辣妈帮"的具体流程如下。

（1）在"微店商会"界面点击"更多商会"按钮进入"微店商会／热门板块"界面，找到"辣妈帮"商会并选中它，如图 9-40 所示。

（2）进入"辣妈帮"界面后，点击"关注"按钮，如图 9-47 所示，这样商家就可以成功加入"辣妈帮"商会。

▲ 图 9-40　选中"辣妈帮"商会　　　　　　▲ 图 9-41　点击"关注"按钮